高效管理

成功人士的32种沟通技巧

[日]永松茂久 —— 著　赵艳华 —— 译

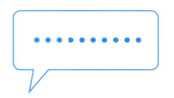

中国科学技术出版社

·北　京·

LEADER WA HANASHIKATA GA 9WARI by Shigehisa Nagamatsu
Copyright © Shigehisa Nagamatsu 2022
All rights reserved.
Original Japanese edition published by Subarusya Corporation, Tokyo.
This Simplified Chinese language edition is published by arrangement with
Subarusya Corporation, Tokyo in care of Tuttle-Mori Agency, Inc., Tokyo
through Shanghai To-Asia Culture Communication Co., Ltd., Shanghai.

北京市版权局著作权合同登记 图字：01-2024-1359。

图书在版编目（CIP）数据

高效管理：成功人士的 32 种沟通技巧 /（日）永松
茂久著；赵艳华译 . -- 北京：中国科学技术出版社，
2024. 9. -- ISBN 978-7-5236-0828-9

Ⅰ . F272

中国国家版本馆 CIP 数据核字第 20247NK071 号

策划编辑	赵　嵘	责任编辑	刘　畅
封面设计	创研设	版式设计	蚂蚁设计
责任校对	张晓莉	责任印制	李晓霖

出　　版	中国科学技术出版社
发　　行	中国科学技术出版社有限公司
地　　址	北京市海淀区中关村南大街 16 号
邮　　编	100081
发行电话	010-62173865
传　　真	010-62173081
网　　址	http://www.cspbooks.com.cn

开　　本	880mm×1230mm　1/32
字　　数	104 千字
印　　张	6
版　　次	2024 年 9 月第 1 版
印　　次	2024 年 9 月第 1 次印刷
印　　刷	大厂回族自治县彩虹印刷有限公司
书　　号	ISBN 978-7-5236-0828-9/F・1276
定　　价	59.00 元

（凡购买本社图书，如有缺页、倒页、脱页者，本社销售中心负责调换）

"突然被安排到管理岗位"

"不知道怎样和下属讲话"

"对下属坦诚直言，他们却听不进去"

"怎样才能调动下属的工作积极性"

"担心下属讨厌自己，担心下属离自己而去"

"指出下属的问题时，他们说我'滥用职权'"

"不擅长在公共场合讲话"

"不知道如何有效地沟通"

"想成为下属拥护的管理者"

本书写给有以上想法的人

管理者，你们不必再为不会讲话而烦恼了。

"如何与下属更好地沟通？"如果你曾担任过管理者，就肯定有过一两次这样的烦恼吧！

本书的目的只有一个。

让管理者摆脱这种烦恼。

当听到"管理者"三个字时，你会想到什么样的人呢？

对多数人来说，或许他们眼中的管理者是影响着很多人、执掌大公司的著名企业家。但是本书的读者定位不是这些人。

本书所说的"管理者"是怎样的人呢？

- **中小微企业的经营者或管理层**

- **中下层主管**

- **社区工作者**

- **店长或经理**
- **兼职工作的组长**
- **学校老师**
- **前辈**
- **父母**
- **有弟弟妹妹的哥哥、姐姐**

简言之，管理者是"需要领导他人的人"。从这个角度来看，几乎所有人在某种程度上都能被称作管理者。

如何激励和引导工作中的下属和员工、家里的孩子这样的下位者，是管理者最大的烦恼。

其中，如何沟通，也就是怎样说话是一个很大的课题。

我在经营餐厅时也曾因员工的事情而烦恼，所以读了很多管理方面的书。但是每次读这些书，我都感到心灰意冷。因为书中要求管理者必须做到一些非常困难的事情。这让我不禁产生怀疑："难道只有做到这种程度才能胜任管理者的角色吗？"

但是后来我发现，与员工进行良好的沟通并没有那么难。

要成为一名成功的管理者，你唯一应该做的就是"**理解对方的立场和感受，抱着同理心去交流**"。你只要做到这一点就可以了。无须复杂的理论或技术，只要做到这一点，你就很容易成为受下属爱戴的管理者。

阅读本书，你会看到许多益处：

- **不再担心应该怎样说话**
- **开始喜欢与下属交流**
- **团队合作得更好**
- **团队成员开始说"我们要为了领导好好工作"**
- **自己的想法可以更好地传达给对方**
- **沟通的压力减轻了**
- **作为管理者，对自己的讲话方式更有自信了**

为了更好地阅读本书，你首先要了解两点。

第一点：本书名为《高效管理：成功人士的 32 种沟通技巧》，是在拙著《高效沟通：成功人士的 36 种说话技巧》《高效倾听：成功人士的 38 种倾听技巧》的基础上写成的、面向管理者的应用篇。因此，本书内容与前两部作品有重合之处。当看到重合之处时，希望您能明白"啊，这里是作者想强调的部分"。

第二点：**本书将下位者统称为"下属"。**本书不仅可供商界人士阅读，也可供家长、社区管理者等职场之外的管理者阅读。**因此，你可以把"下属"这部分内容带入"孩子""团队""学生""后辈"等各种不同关系下的人，这样就会更容**

易理解。

　　当今时代可以说是一个让管理者非常头疼的时代。一旦出了什么事，他们马上会被指责"违规操作"或"滥用职权"，并因此陷入麻烦。这让很多管理者逐渐丧失信心。

　　即便身处这样的社会，笔者也希望管理者能坚持自我，更轻松、更自由地施展自己的才华。因此，在写作时，笔者也尽可能将文章写得轻松易懂，易于实践操作。

　　我保证，在阅读本书的过程中，你的心态会变得越来越放松，你会发现"原来这样就很好。""原来这样做就可以了。"现在，让我们把一直以来困扰你的、不必要的烦恼通通丢掉，一起踏上思考之旅吧！

目录

第 2 章 管理者怎样通过讲话来激励下属？

第3章 管理者怎样说话才不会令人讨厌？

管理者讲话振奋人心的底层逻辑

01

许多管理者正因为不会讲话而头疼

 大多数管理者的共通烦恼

　　"下属如果听指挥就好了。""怎样才能把队伍团结到一起？""我想成为即使我不做出指示，下属也能主动做事的管理者。"无论哪个时代的管理者大概都对这些问题感到头疼。

　　尽管都被称为"管理者"，但其实他们也分很多类型。最具代表性的管理者大概就是企业中的上司了。其他的管理者

还包括：

- 小型酒吧或餐厅的店长或经理
- 社区管理者或兼职团队负责人
- 儿童监护人
- 学校老师

细细数来，这个世界上有很多种管理者。

几乎所有的管理者都对与下位者之间的关系感到头疼。毫不夸张地说，其中大部分问题都是"我应该怎样把我想说的话传达给对方"或者"怎样和下属沟通"。

 ## 管理者不需要特殊能力

在管理者中，能与下属、团队、孩子或者学生建立良好关系，最大限度地激发他们潜力的人只占一小部分。他们是出色的管理者。

苦恼的管理者和优秀的管理者，这二者之间有什么不同呢？

不少人给出的答案是优秀的管理者"有特殊能力""有工

作业绩""有领导气质"。其实这些自以为是的想法才是最令管理者头疼的。任何人都能成为优秀的管理者，即使他没有这些特殊能力。

他们需要的只有一个，那就是"能够激励人心、激发下属潜能的说话方式"。

这是一种怎样的说话方式呢？本章，我们将重点探讨这个问题。

管理者需要的是能激励人心、激发下属潜能的说话方式。

什么是成功的管理者?

了不起的管理者

有工作业绩

拥有特殊能力

有领导气质

未必重要

成功的管理者

掌握一种能够激励
人心、激发下属潜
能的说话方式

最重要

02

你能让对方觉得自己是特别的吗?

 了解人类的欲望机制

你听说过"自我肯定感"这个词吗? 所谓"满足一个人的自我肯定感"也就是"肯定他的存在"。

但如果你就此认为"管理者只要满足下属的自我肯定感,那么今后的工作肯定会很顺利",那就大错特错了。很遗憾,管理者只满足下属的自我肯定感并不能激发他的工作动力。

你必须要刺激和提升他更高一级的欲望,**这种欲望被称**

为"自我重要感"。

"自我重要感"这个词尽管长期以来一直出现在心理学和领导力研究的书籍中，但由于最近我们谈论更多的是"自我肯定感"，所以"自我重要感"让人感觉似乎销声匿迹了。

这两种欲望看起来相似，实际上却截然不同。

"自我重要感"是贯穿本书的最大主题，所以我们要先记住这个词。

 人在不断满足欲望的过程中成长

我们在社会中生活，没有谁可以独自生存下去。公司、部门、团队、社区、家庭……每个人都作为组织成员而存在。作为一种社会生物，人类内心深处有着已经被预设好的本能欲望。

对人类欲望的研究成果中，心理学家马斯洛提出的需求层次理论最具代表性。

马斯洛提出了人对爱和归属的需要，也就是"社会性需求"，这相当于自我肯定感；而更高一级的"对自尊的需要"

则相当于自我重要感。

那么自我肯定感与自我重要感的区别是什么呢？

什么是自我肯定感？

自我肯定感代表了一个人在何种程度上肯定自己的存在。同时它也是一种安全感，比如"我能参与其中，真好。""我被伙伴们接纳了，太好了。"

这种自我肯定感是在完全不考虑社会地位或成就的前提下，对自己的一种判断。

简单来说，无论一个人社会地位多么微不足道，他的社会成就多么不值一提，都与自我肯定感没有关系。它只需要满足一个条件，那就是对自我的肯定。

什么是自我重要感？

与此相对，自我重要感是通过社会地位与社会成就来获得的。

"我被委以重任。""我升职了。""我得了一等奖。"这些都是肉眼可见的地位等级。除此之外，自我重要感还包括精神上的满足感，例如"那个了不起的人对我另眼相看""我被组织寄予厚望"等。

因此，如果空无所有的状态是"自我否定感"的话，那么存在的意义被承认便会提升一个人的"自我肯定感"。这是第一步。接下来当"自我肯定感"得到满足时，人就会意识到包含社会地位在内的"自我重要感"了。

我们可以这样总结：

自我肯定感 = 安心感

自我重要感 = 特别感

成功的管理者和受人钦佩的管理者都能通过使用恰当的话语让下属感到自己很特别。

100% 受欢迎的说话之道 **02** 　**明确自我肯定感和自我重要感之间的区别。**

管理者要提升下属的"自我重要感"

自我肯定感

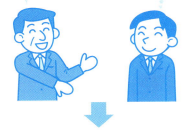

自我重要感

提升下属的这两种感受非常重要

03

一句话让新手管理者重拾自信

 突然被提拔为管理者的年轻人的故事

　　这是不久前发生的一件事，它让我意识到"管理者居然可以给下属带来如此强烈的自我重要感"。

　　我去了一家平时经常光顾的餐厅，当时发生了这样一件事。

　　这家店不仅食物非常美味，而且店长和员工也很友好，每次都热情地和我打招呼。他们的热情好客带来了好口碑，因此生意非常红火。

我喜欢这家餐厅，也经常去那里，因此和工作人员成了朋友。

那天我一如既往地坐在吧台边吃饭。当时情况与往常不太一样，平时站在吧台后面的店长那天去了后厨的油炸区，而平时忙着炸鸡肉串的员工站到了吧台后面。

他胸前挂着工牌，上面写着"新晋后厨总管高桥"。很明显，高桥已经被任命为新的负责人，分管后厨工作。

新手管理者面临的考验

一向笑容可掬的他那天表情僵硬，表现得异常紧张。我自己曾经开过餐厅，所以很理解他的感受，这导致吃饭的时候我也有点紧张。

那家店什么都好，唯独有一个缺点。那就是员工过于在意顾客。他们为顾客考虑过多，导致有的时候会焦虑和争吵。有时他们在厨房中的争吵，坐在吧台上的顾客都能听到。

当天店里很忙，员工都在连轴转。但是作为新晋管理者，高桥还不能很好地做出工作指示。员工不知道怎样开展工作，

对高桥说话的语气也越来越强硬："这个要怎么做？""你赶紧做出明确指示！"

 ## 下属因为管理者的一句话而改变

餐厅正处于最忙碌的时候，员工也越来越烦躁，就在高桥脸色发青，快要支撑不住的时候，从油炸区传来了一句话。

"高桥！"

"在！"

"明确做出指示！其他人不要多嘴！"

"对不起！"高桥抱歉地说道。然后，从油炸区立即抛出了这句话："**你是领导，我听你的吩咐！**"

店长的这句话让烦躁的员工闭上了嘴。

身为管理者，店长表示自己听从新晋管理者，也就是自己下属的指示。这句话让高桥重拾信心。店长仅仅用一句话就让高桥破碎的自信心重建，提升了他的自我重要感。

店长的领导力和对下属的体恤给我留下了深刻的印象。那天我去得比较晚，所以一直待到他们快打烊。等店里安静下来，其他顾客也都离开之后，我才向吧台的高桥说："新领导真的很辛苦呀！"

"谢谢你，永松先生。抱歉今天太忙了，没有招呼好你。"

"没关系，话说回来，你们店长太厉害了，一句话救了场。"

"是啊，刚才店长的话救了我，为了店长，我也一定要做一个好的管理者。"

他含泪说道。在酒精的作用下，我甚至也想陪着他一起哭了。

"这样的管理者才能培养出优秀的员工。"

这一刻我深受启发，感慨不已。

100% 受欢迎的说话之道 03 | **管理者的一句话能极大提升下属的自我重要感。**

04

挣脱管理者的身份束缚，重获自由

 你不必是一个无所不能的人

很多人即使嘴上不说，但心里也会认为："管理者应该是无所不能的、完美无缺的人。他们必须是这样的人。"特别是现代社会信息发达，我们看到了越来越多优秀的管理者。同时，越来越多的管理者也固执地认为自己必须像他们一样完美。

你可能希望自己是所有工作都能取得优秀成果的完美上司、挣很多钱且有时间与家人共度周末的父母、能解答所有疑问的老师……

但是我要说，你不需要成为无所不能的人。

相反，这种无所不能的管理者反而常常会破坏下属潜力的发挥，降低他们的自我重要感。

 ## 世上没有人见人爱的管理者

还有一个想法始终困扰着管理者，那就是"我必须受到所有下属的喜爱"。然而，无论你多么重视你的下属，对他们说话多么温和，都不可能得到所有人的喜爱，因为每个人都有自己的偏好。**你无须去做这样的挑战，徒增内耗。**

因为你的理想太高，你要求自己"必须完美，必须被爱"，所以当你犯了错时，你就会试图弥补或者找借口来掩盖它。可是，这样做反而会削弱作为管理者的威望。

犯了错，就坦诚地说"对不起"；被人讨厌，心里想着"啊，真遗憾"，这样就可以了。道歉并不意味着否定自己，它反而彰显了你的胸襟，并且你展示出的宽容也会让下属看到"管理者也会犯错""管理者也会被人讨厌"，如此一来，

下属面对你时会更放松。

正因为上位者有缺点，所以才需要下位者发挥自己的作用来补足这些缺陷。

 比起工作能力强的管理者，能与下属一起想办法的管理者更难得

通过前文论述，相信你已经明白了，试图成为人见人爱的完美管理者只是一种幻想，它反而会让你感到痛苦。

那么，现在我们的目标是成为怎样的管理者呢？

其实，这个答案同时也是你对下属的要求，那就是"可爱又有魅力"。这不仅是上位者对下位者的要求，反过来也同样成立。正因为管理者可爱又有魅力，人们才会对他产生亲近感，愿意承担起自己的责任，因为他们会觉得"领导没有了我不行"。

在现代社会，即使管理者完美无缺并且掌握大量信息，也无法与谷歌等搜索引擎相提并论。精通信息技术的下属掌握的信息比管理者还要多，所以你不必完美地解答每一个问题。遇到你不知道、不了解的事情，可以坦诚告诉对方。你不必强迫自己表现得很强大，强大到足够让人依靠。遇到困难时，能够提升下属自我重要感的一句话是"**让我们一起想办法**"。

当今时代，我们需要的不是完美的管理者，而是一个能够善解人意地倾听、与下属一起想办法、和伙伴并肩同行的管理者。

100% 受欢迎
的说话之道
04　　**成为一个理解下属的管理者。**

不要以人见人爱的完美管理者为目标

不能犯错
必须受到所有人的喜爱
必须完美
必须什么都懂

……

丢掉这些执念吧

偶尔可以犯错
可以不被一部分人喜欢
可以不必完美
不懂的时候诚恳地说"对不起"

真是没办法啊……
我来帮你吧……
被人依靠的感觉真好啊……

对不起，我需要大家的帮助。拜托了！

不要做完美的管理者，要做与下属并肩同行的管理者

05

提升下属自我重要感的 7 种说话方式

人心比你想象的还要脆弱，尤其是管理者的言论对下位者的影响比你想象的要大。但是如果说话方式得当，也能激发出下属的潜力。

正如我在上一节中提到的，成功的管理者能够很自然地用一种合理的方式讲话，提升下属的自我重要感。

我把它叫作"**为你说话**"。简单来说，它指的是"为对方着想，讲的话贴近他的内心"。优秀的管理者会很自然地"为下属说话"，提升下属的自我重要感。

我将告诉你具体该怎么做。不过在此之前，你要先了解

"为你说话"的一些要点。

 ① 讲话时把对方当成主角

想一想，一个人对什么最感兴趣？

答案就是"自己"。

无论是厉害的领导，还是修行高深的僧人，抑或是多么不喜欢表达自己的腼腆之人，都有一个共同点，那就是"**对自己最感兴趣**"。

人活着，总是下意识地想着自己。如果在说话时让对方成为谈话的主角，你就找到了他最感兴趣的事情，也就是他自己。

一个人在说话时以你为主角，说明他平时很关注你，并且在说话时将这份关注变成语言表达了出来。下属很容易向这样的领导敞开心扉。善于"为你说话"的管理者总是更多地使用"你"这个词，而不是"我"。

② 不要让对方感到疏远

当一个人听到不感兴趣的话题时，就会产生一种疏远感，觉得自己是局外人。这种疏远感进一步增强时，他们就会认为你所说的话与他毫无关系，于是就不再听你讲话了。

无论你的话题多么有趣，但如果你谈论的是让对方无法共鸣的、离他们很远的人或事情，或者只是你自己的事情，那么对方都会对你关闭心门。

优秀的管理者总会谈论一些与听话人有关的话题，因为这样做可以让对方也参与到话题中。

③ 不要否定对方

无论你是直接还是间接地告诉对方"你不行"，这种否定性的做法都是不可取的。明智的做法是尽量避免说否定对方的话，即使对方做错了。

每个人都有自己的感受和想法，都有长期以来形成的固定观念和信念。如果你把它们一概推翻，对方就会感觉自己被完全否定了。

所以不要全盘否定对方的观点，而是要暂时接受他的思维方式并认同他的感受。这是让谈话顺利进行下去的第一步。 成功的管理者深知这一点。因为他们知道，每个人都在追求自我重要感。

④ 提前了解对方的兴趣爱好

人们喜欢那些理解他们的人，他们会向与自己有共同爱好的人，也就是与自己有共同点的人敞开心扉。

能做到"为你说话"的人擅长与他人建立融洽的关系（与他人沟通）。这样的人在与人交流时，会先弄清楚对方的兴趣爱好。

你或许觉得很难办到，但其实有很多办法。**首先，最基本的就是倾听对方说话。**如果能提前调查对方，那你可以浏览他们的社交媒体和主页，看看他们在说什么，不露声色地了解他们的兴趣，方便他们更好地参与到话题中。

浏览对方发布的信息，以便在对话之前了解对方。

对此，你可能会担心"这样调查对方合适吗"。

不用担心，这样做没有法律问题。只是在这种情况下，你的目的始终应该是更了解对方，而不是别的。

⑤ 谈话要让对方对未来充满期待

每个人都会选择性地去听对自己有益的话题。这不仅包括怎样能赚到钱的话题，还包括有助于个人成长的话题、温暖人心并带来希望的话题。

要引导对方去畅想，告诉他："**发挥想象的话就会拥有一个美好的未来，你觉得怎么样？**"

换句话说，让对方成为你们谈话的主角，让他觉得"我还有更多的潜力"，让他主动敞开心扉，鼓励他行动起来，而不是去强迫他。

⑥ 在"他想听什么"和"你想说什么"之间找到平衡

　　我在写书和商务咨询的工作过程中接触了很多管理者，我发现他们有一个共同点，那就是"思维强势"。当然，正因为他们拥有这种能量，所以才成了管理者，但是也有不少人因此把自己的价值观强加给别人。也就是说，这种思维强势常常表现为"我要把自己的想法告诉你"。

　　当你遇到这种人时，就能明白被迫听人说教是一件多么痛苦的事。当一个人因为想要表达自己的观点而迫使你听他讲话时，你肯定觉得心累吧？反过来，如果一个人不经意间说起你感兴趣的话题，那你肯定会不知不觉地被他的话题吸引过去。

　　能做到"为你说话"的管理者关注的不是"我想说什么"，而是"他想听什么"。

　　通过这种方法让对方敞开心扉之后，你再一点一点说出自己想说的话，你的话就很容易被对方听进去。所以说，首先要考虑"对方想听什么"，然后再说"自己想告诉他什么"。

⑦ **专注于对方**

在人前讲话或者要向他人传达重要信息时，很多人都会感到紧张。**造成这种紧张情绪的主要原因是"你讲话时在意的是自己"。**

"我表现得怎样？"

"我讲得好吗？"

"他不会讨厌我吧？"

如果你太在意自己，你的注意力就会分散，讲话的效果也会大打折扣。

和人说话的时候、向对方传达某件事情的时候、需要在公共场合讲话的时候，能做到"为你说话"的人关心的是"怎样说才能对对方好"，而不是"我说得怎么样"。

神奇的是，一旦你将注意力放在对方身上，内心的自我就会自然消失，你就能以对方为中心进行交流了。

当朋友遇到麻烦、当下属缺乏干劲儿、当孩子处于人生的十字路口……我们讲话都会下意识地关心对方，而不是关注自己的表现如何。无论是谁，当他真心希望对方好，并且

抱着这样的想法去交流时，他所说的话一定不会逊色于职业演说家。

"为你说话"简单来说就是"**设身处地为对方着想，希望他好的一种说话方式**"。这听起来似乎很难，但其实并非如此。所有成功的管理者都下意识地掌握了这项技能。

100% 受欢迎
的说话之道
05　　**优秀的管理者都会掌握"为你说话"的技能。**

提高"自我重要感"的 7 种说话方式

①讲话时把对方当成主角

工作交给你
了哦。

②不要让对方感到疏远

花野，你和我讲
的那件事……

③不要否定对方

你这样想也有
道理。

④提前了解对方的兴趣爱好

你最近喜欢做些
什么？

最近我在养贵
宾犬……

⑤谈话要让对方对未来充满
期待

想象一下，你的
将来……

太棒了！

⑥在"他想听什么"和"你想说
什么"之间找到平衡

之前你说过的那个章鱼烧
企划案……

请一定交给我
来做！

⑦专注于对方

我要怎样做才能帮到你？

06

那样说话，下属真的能听懂吗？

 发行量超 100 万册的《高效沟通：成功人士的 36 种说话技巧》源自我的烦恼

在经历过摆摊做章鱼烧、开餐厅后，如今的我投身于写作、演讲和提供咨询等事务，其中小有成绩的是撰写了发行量超过 100 万册的《高效沟通：成功人士的 36 种说话技巧》（后简称《高效沟通》）。总的来说，我的主要工作就是与人沟通。

尽管我现在取得了一些微不足道的成绩，但是在如何说话方面，我比大多数人都要感到头疼。说实话，在如何以管理者的身份讲话这件事情上，我曾经吃过很多苦头。

曾经这样的自己，现在却在与您分享一些经验，这让我不由得感慨"人的一生真的无法预料会发生什么事情"。

很多人问我："永松先生，您的说话艺术是跟谁学的？"老实说，在怎样说话这方面，**我没有特别去学习过，而是通过不断实践和摸索，反复失败之后总结出了一些结论**。

不过最近，当回望过去的时候，我才发现"啊，正是因为我的伙伴们，我才拥有了今天的事业"。

 ## 居然是他们教会了我作为优秀管理者的说话艺术

现在，为了将工作重心转移到写作上，我把全部餐厅都交给店长去经营，自己则从九州搬到了东京。

他们现在是那些门店的老板。让我欣慰的是，店长们的关系很好。我们每年都会聚会，举办"向阳家管理者大会"。我算是向阳家餐厅的创始人，需要在大会上发言，所以每次

聚会我都从东京坐飞机回到九州。

前几天我们刚举办了一场聚会，并且为了庆祝《高效沟通》取得销量排名第一的好成绩，他们还同时为我举办了惊喜派对。在席间，一位店长说："多亏了我们，才有了茂哥（员工一直这样称呼我）的《高效沟通》和之后的演讲事业呢。"

"为什么这么说？"

"如果我们都是精英或者大学毕业生，你绝对写不出那本书来。因为我们只能理解简单的东西，所以茂哥才练就了讲话言简意赅的本领。你可要感谢我们！"

虽然这只不过是我们醉酒时开的玩笑，但仔细想来的确如此。

 ## "简单易懂"是讲话的关键

在写书的时候、演讲的时候、与人面对面咨询的时候，换句话说，也就是通过语言与人沟通的时候，我特别注意一件事，**那就是"简单易懂"。**

"简单易懂"就写书而言是"容易阅读";就演讲而言是
"容易听懂";就咨询而言是"容易实施"。

作为专注于写作的人,我最高兴的事情莫过于读者说
"你的书很容易读懂"。

我为什么重视"讲话要简单易懂"呢?因为我曾经在这
件事上栽过跟头。

 ## 艰涩的词语对沟通无益

2003 年,也就是我 28 岁那年,我在老家大分县中津市
的一片稻田里创建了一家名为向阳家的餐厅。餐厅一共两层,
有 150 个座位。

餐厅员工主要是以前做章鱼烧的时候就跟着我的老员工。
我们一起开始做新的业务,但是因为餐厅规模很大,所以每
天一定要开例会,否则餐厅就会陷入混乱。

我们有一个习惯,就是在准备工作完成后,上班前至少
留出 30 分钟的时间来开会。当时我为了把餐厅打理好,拼命
看书,参加各种研讨会,然后把学到的东西原封不动地传达

给员工们。但是我讲的东西对他们来说太难了，他们无法完全理解。这是肯定的。因为我自己都还不理解，就现学现卖地用起了那些洋文和理论。

员工尽力理解我的话，即使有的人已经听得头昏脑涨，甚至睡着了。我对此头疼不已，问他们："你们告诉我实话，我的讲话方式有没有问题？你们尽管说，我绝对不会生气。"结果他们告诉我：**"你说的那些词我们从来没听过，所以完全不知道你在说些什么。"总的来说，就是一个字——难。**

他们无法理解我的话。在他们看来，听我讲那些理论就像听和尚念经一样。但是，如果不把学来的知识告诉他们，我们就没办法应付现在的工作，所以我决定尝试用简单的话讲给他们听。

从你的下属开始

从那之后，我开始深入研究优秀管理者的说话艺术。我明白了：**越是优秀的管理者，讲话越是简单易懂，越是不使用艰涩的词语。**

正是因为管理者讲话谁都能听得懂，而且感觉像是在说自己的事情一样，所以他的话能够打动人心。

我当时有幸遇到一位非常擅长与下属沟通的大实业家，他同时也是我的人生导师。我问他："怎样才能像您那样与下属沟通呢？有没有什么有效的练习方法？"他这样告诉我：**"一定不要使用艰涩的词语，像和小学生说话就行了。如果你想成为一名优秀的管理者，那就从与下属的沟通开始做起，你要用简单易懂的方式和他们说话。"**

我听了他的话并遵照执行，后来员工在会上睡觉的情况越来越少了，我的表达能力也得到了锻炼和提高。

通过这件事情，我懂得了现在我们所说的"讲话要简单易懂"是多么重要。

所以店长突然说出口的那句"多亏了我们"完全没错。这样想来，现在你因为说话而烦恼也未必是坏事，因为有一天你也可以把这段经历分享给别人。

从下一章开始，我们将详细介绍如何才能成为一位让对方能听懂自己讲话的管理者。

100% 受欢迎
的说话之道
06
站在对方立场，讲话简单易懂。

艰涩的词语让下属无法理解

无法理解

简单易懂

"简单易懂" 是关键

管理者怎样通过讲话来激励下属？

07

既能收获好感，
又可以激励他人的沟通三原则

 提及下属的名字

可以提升下属自我重要感的优秀管理者往往有一些共同点。

其中，第1点是"说话之前先叫下属的名字"。

以日常寒暄为例，不要简单地说"辛苦了""谢谢"，而是尽量把每个下属的名字都叫到，例如"某某，你辛苦了。""某某，谢谢你。"吩咐工作的时候，也不要说"哎，这

个你来做一下吧？"而是先叫他的名字，比如"××，这项工作你来做一下行吗？"

很多管理者都会下意识地这样做，如果你观察一下优秀的管理者，就会发现这一点。

称呼名字表示对对方的尊重。这样做，对方的自我重要感会在不知不觉间得到提升。

人们都说"越是经常被领导点名的人，成长得就越快"。为什么呢？因为每次被叫到名字，他的自我重要感都会得到提高。每个人都喜欢尊重自己、吩咐工作时会称呼自己名字的管理者。

 ## 自然而然地让对方参与进来的主语原则

世上大致有两种类型的管理者。一种是试图独自指挥团队的管理者，另一种是自然而然地让周围的人参与进来，与伙伴们共同前进的管理者。

当然，您已经知道，在当今这个时代我们需要后者。

有一个简单的方法可以区分这两种类型。**前一种管理者**

是把"我"作为主语，而后一种管理者则是以"我们"为主语。看似微不足道的差别，带给下位者的心理影响却很大。当管理者说"我"的时候，他说的是他自己的事情，与听话人无关；而当他说"我们"的那一瞬间，他口中的事情突然就变成我们的事了。下属会发现自己也成了主语中的一部分。

你平时与下属说话时，会使用哪个词做主语呢？

不冷落任何人，主动开启对话

除了"称呼对方名字"和"以'我们'为主语"，优秀的管理者还有一种与下属沟通的方式，那就是第 3 点"开启对话，让他参与进来"。

下属的性格各不相同。有的人愿意积极主动地参与话题讨论，有的人擅长充当倾听者，听那些积极交流的人说话，还有的人坐得远远的，无法参与到对话中。每个人的性格不同，在交流中的表现也不同。

优秀的管理者不会只和态度积极的下属说话。面对不擅长主动交流的人，优秀的管理者会很自然地问他："你的想法

呢？"他会将话题交给下属。即使没有得到满意的答案，管理者也会密切跟进下属的交流，并在适当的时候发问。

对于天生腼腆的人来说，这样做比我们想象的更能提升自我重要感，因为这让他感觉到"我不是局外人，领导在看着我呢"。

优秀的管理者在对话中就像垒球比赛中高明的捕手。他会把飞来的球投向一垒、三垒，有的时候投向更远的外野。这样做会让整个团队共同完成一个任务，在完成任务的过程中注意不让任何一个人受到冷落。因为管理者有这些优点，所以下属才会追随他，才会"为了他而努力工作"。

> **100% 受欢迎的说话之道**
> **07**
> **沟通时提及下属的名字，以"我们"为主语，并有意识地让周围的人都参与到话题中来。**

提升下属自我重要感的沟通三原则

①提及下属的名字

花野先生,
您辛苦了!

您辛苦了!

②以"我们"为主语

让我们一起努力
完成目标吧!

好的!

③主动开启对话

高山女士,
你怎么想?

我认为……

对方的自我重要感得到满足

08

你能说出下属几个优点？

 突然需要当众介绍你的下属时，你会怎么做？

请试着想象一下。现在，你与下属一起参加某个会议。会中各位管理者需要"介绍和自己一起参会的人"，你要把你的下属介绍给在座的参会者们。你将怎样介绍你的下属呢？

别说"我不会参加那种会议"。请想一想：如果遇到这种情况你要怎么做？

优秀的管理者在平时就会仔细观察下属的优点，并把这些都记在心里。遇到这种场合，他们会想"等的就是这个机会"，这样一来，就能针对下属的优点侃侃而谈。

但是，如果管理者不擅于观察，不能在日常工作中发现下属的优点，届时他就会犹豫不决，完全无法说出下属的长处。这样不仅使管理者自身的价值大打折扣，还损害了下属的自我重要感。

在工作中，这种需要介绍下属的场合非常多，多得出乎你的意料。遇到这种情况，领导者如何做出精彩的介绍呢？

有效的方法是将下属打动你的事情记录到随身携带的记事本或手机上，并将其按下属的名字进行分类和整理。

 ## 养成记录下属优点的习惯

人的记忆常常是模糊不清的，并且很容易消失。如果你没有在现场就记录下当下的感动场景，那么它很快便会被抛之脑后。

因此优秀的管理者会养成当场记录下属优点的习惯。

下属的业绩、下属当下感受、下属打动管理者的话等。

下属一直跟随在管理者身边，所以只要有心，管理者肯定能发现下属的很多优点。一旦你决定"经常做记录"，那么你发现下属优点的"天线"就会竖起来开始工作。

如果下属人数众多，那么对于管理者来说，记录会是一项很辛苦的工作。不过只要掌握了窍门，就可以做好一览表。

现在的智能手机拥有强大的备忘录功能。按照人名"某某先生""某某女士"分类，再将事项迅速记录到其名下就可以了，不需要详细地写上好几百字。

优秀的管理者拥有强大的观察力，在记录这些事情时也是极其准确的。

自己都已经忘掉的事情领导却记得，甚至还讲给其他人听，下属一定会很感动，"他居然将我的事情记得这么清楚，原来他一直在关注着我"。仅凭有人记得自己这一点，就能够大大提升下属的自我重要感。

 自己受到关注时更要力捧他人

当你成为管理者之后，无论愿不愿意，你都有更多的机会出现在众人面前。比如公开谈论自己业绩的机会、受邀参加研讨会的机会、在组织中演讲的机会、在社区举办讲座的机会,甚至包括在朋友结婚仪式上讲话的机会等。

当你站在人前的那一刻,手持麦克风的你就成为在场所有人的管理者。**在这样的场合,优秀的管理者不会只谈到自己,他还会讲到帮助和支持自己的人**。换句话说,当众人的焦点集中在你身上时,你要利用这个机会提携你周围的人。在这样的舞台上被管理者关照提携,下属的自我重要感会得到极大的提升。

你要记住,一定要把下属捧得远高于自己。提携下属绝不会损害管理者自身的价值。

相反,周围的人都会被管理者的谦虚态度和感恩之心打动,管理者会因此为自己赢得很高的声誉。

表扬下属时不要吝啬,要尽量多地讲出下属的闪光点。这样的态度和气量会让下属忠实地拥护和追随你。

100% 受欢迎的说话之道 08 **养成发现下属优点的习惯。**

有能力的管理者会这样做

①平时注意观察下属的优点

哦!

我来帮你。

谢谢了。

②经常记录下属的优点

让我用手机记下来。

这里可以这样做。

你说得对。
谢谢你。

③在人前表扬下属

山口真的很厉害!

领导在为我说话!

09

间接地说出你想说的话

 优秀管理者使用的两种传达方法

"我很重视这一点。""我想把下属培养成这样的人。"……有时，管理者会直接告诉下属自己的真实想法，但效果却并不好。**原因之一是你们的关系太近了。**

有的时候关系越是亲近，就越是难以沟通。一是下属会觉得不好意思或者尴尬。二是听的次数多了，就不会再有当初的那种感动。

无法很好地与下属沟通的另一个原因是：如果管理者直接对下属说出真相，下属会感到压力很大。

这两个原因导致无论你多么热情地说出你的想法，无论你的话多么打动人，都可能无法引起下属的共鸣。

面对这种情况，成功的管理者会使用两个有用的技巧。

第一个是"**找个能直抒胸臆的机会表达出来，并且把下属也带过去**"。

下属天生喜欢与管理者唱反调。管理者直接和他交流时，他会感到尴尬或压力大，而当管理者和别人交谈时，他反倒会好好听管理者讲了什么，而且比以往听得更认真。通过观察管理者和别人交流时的态度和说话方式，下属能客观地倾听并了解管理者的真实想法。

换句话说，不直接与下属交流，而是创造一个下属能够间接倾听的机会，可以使下属更容易接受管理者的真实想法。

 ## 通过周围的人来传达

另一种方法是"**让下属听一听与你观点相同的人是怎么**

50

说的"。

有人这样抱怨："老父亲和他说话，他充耳不闻。隔壁大叔说同样的话，他却老老实实地听着。"有的时候因为关系亲近，所以听不进去对方说的话。

当管理者遇到这种情况时，一个有效的办法是让下属接触与管理者持相同观点的人，听听他是怎么说的。即使下属嘴里不说，他也肯定能发现"咦，这个人说的话和我的领导说的一样"。

所以优秀的管理者不亲自去说，而是通过他人来传达自己想说的话。

同样的话，说的人不同，渗透力也不一样。

当然，有的人可能会想"我自己来说不是更好吗"。但是你要知道，你最主要的目的是"**让下属理解说话的内容，并主动付诸行动**"。自己很难让他明白的事情，可以通过别人来传达。从结果上看，这与自己亲口告诉他是一样的。

100% 受欢迎 的说话之道 09　**有些话没必要亲自和下属说。**

51

尽量间接地传达你想说的话

让下属看到你和别人是怎样说的

这种时候可以这样做。

原来是这样啊。

原来如此!

让下属听听和你观点相同的人是怎么说的

（和你观点相同的人）

重要的是……

他意识到了吗？

这个人说的话和领导说的一样!

不要什么事都直接和下属说

10

怎样才能让下属明白我的想法？

 要怎么说才能让下属不犯同样的错误？

"要我说几遍你才明白？"

你是否会因为下属不断犯同样的错误而感到恼火？这或许也是很多管理者的烦恼。他们很努力地去说了，但却没能让下属明白。

因为"说了"和"说明白了"是不一样的。

很多关于领导力的书籍都告诉我们：不要觉得说一次就

能传达到位，你要重复说，一直说到下属明白为止。从这个
意义上来说，管理者非常需要有耐心并且有毅力。

　　想要减轻这种烦恼，你可以尝试以下三个步骤。

让对方谈谈他是怎么理解的

　　第一个步骤，先让对方谈谈他是如何理解你说的话的。
虽然你很想好好地说清楚，但是每个人的理解能力是不一样
的。这个世界上，不是所有人都有闻一知十的能力，有的人
需要很长的时间才能把听到的话理解透彻。

　　所以你要和对方说："**请告诉我，你是如何理解我刚刚说
的话的?**"你要听听他的说法。

　　这样一来，如果对方理解错误，你就可以把这部分再仔
细地和他说说。

提供一个展示的机会

第二个步骤，提供一个展示的机会。如果有人告诉你"读一下这本书，然后在明天的会议上用十分钟的时间概括它的内容"，那么你就会集中精力去读这本书。**这虽然有点强加于人的感觉，但事实确实如此，当一个人被要求用自己的语言来表述时，他就会认真思考这个问题。**

展示的机会有很多，比如在线会议、公司例会、社区演讲等。能否提前做好准备、抓住发言的机会，决定了一个人的成长速度。

给对方教导他人的机会，使其持续输出

一个人学到最多东西的时候，就是"作为老师去教别人的时候"。一旦有了下属，他就成了一个小小的管理者。但一个人如果永远处于无须承担责任的位置，那么他将很难成长

起来。

因此，第三个步骤是让下属成立一个团队，即使规模很小也没关系。总之，要通过某种形式，让他去教导别人。

当站在"教导"的位置时，他才能理解管理者的感受。正如当你成为父母的时候，才能真正地理解父母的不易。

教导意味着"用自己的话来传达信息"，是输出，而不是输入。不靠耳朵去听，而是通过"教"这种形式用自己的话讲出来，只有这时他才能真正理解自己要说的话。

100% 受欢迎
的说话之道
10　**"说明白了"比"说了"更重要。**

11

提点下属时要怎么说？

 在缓解下属紧张情绪的同时，让自己也放松

对于很多管理者来说，最不愉快的瞬间是什么？"永远都适应不了"的痛苦瞬间又是什么？没错，那就是提点下属的时候。而且，越是讨人喜欢的下属，领导在提点他时就越痛苦。这是自然的，因为谁都不想惹人嫌。

尽管如此，但若是为了明哲保身而拒绝承担责任，那么作为管理者来说，也是不称职的。

遇到这种情况，管理者应该怎样做才能既缓解下属的紧张情绪，又能让自己心情放轻松呢？

方法就是"**先告诉下属谈完话之后他会有怎样的变化**"。

如果这样说你还不太理解的话，我详细解释一下。

 很难说出口的话，要会这样开口

"你过来一下可以吗？"

被领导郑重其事地叫过去，下属可能会感到不安。

他会想"我是不是犯什么错了？""今天会因为什么事情批评我吗？"这种不安感会让他身体紧绷，表情也会变得僵硬起来。

面对这样的下属，作为领导如果你再指出他的问题，那你的心里肯定过意不去。

这时，优秀的管理者会这样开口："**很抱歉特意把你叫过来。今天我有件事想告诉你，所以特地留出了时间。我觉得我们谈完之后，你一定会有所成长，会心情很好地走出这间办公室。我也希望这样，那么现在我们可以聊聊吗？**"

优秀的管理者会这样和下属说。尽管下属仍然不能摆脱焦虑不安的情绪，但是还是会回答："好的。"

这就是优秀的管理者给下属提建议的第一步。

不要跳过这个步骤，不要放任自己的情绪失控，不要乱骂一通，让下属感到焦虑。要先安抚下属的情绪，在他能对作为管理者的你敞开心扉的时候再给他提意见。

最重要的是"让他能听得进去"

无论是下属还是孩子，他们都是普通人。当被人批评或处于不利地位时，他们会本能地防御。

因此，当被呵斥"你这家伙在做什么！"的时候，无论他有没有反驳你，都会在心里与你对抗，不愿和你沟通。

这样一来，虽然他们看起来是在听你讲话，但事实上是左耳进右耳出。你的说教只会浪费你们彼此的时间。

身为管理者，你的真正目的并不是发泄情绪，而是纠正下属的错误，把他领到正确的方向上。

所以你要做的是暂时冷静下来，打开对方的心门。

这项工作既乏味又麻烦，但是优秀的管理者会压制住不快的情绪，调整好自己的心态，让下属能好好和你交流。

 ## 每个人都有情绪

除非完全没有工作动力，否则大部分人都希望自己不断成长。

被人提意见并不可怕，可怕的是看不到目标、不知道自己能坚持到何时的这种不安感。因此，管理者一定要先告诉下属，谈完话之后他的状态会变成什么样，然后再给他提意见。

再次强调。无论是下属还是孩子，他们都有自己的情绪。用外力压制他们的感受，他们只会反抗你。

怎样在不损害下属自我重要感的前提下，把重要的事情讲出来，这恐怕是管理者今后要面临的课题。

即便是为了减轻你自己的负担，也不要让情绪突然失控。要先给下属一个目标，给他安全感。掌握了这个方法，作为管理者的你一定会轻松不少。

100% 受欢迎
的说话之道
11

不要让情绪失控，要调整好心态，让下属能听进你的话。

12

告诉下属"为什么"

 一个人真正的工作动机是什么？

　　管理者的工作是什么？管理者应该告诉下属什么？很多书籍和纪录片都在探讨这些问题。其中他们关注最多的是运动员的领队。针对上述问题，几乎所有的领队都这样回答："**管理者的工作就是'为运动员们设置目标'**。"

　　人在明确了目标之后，才会去开始思考应该做什么。这是毋庸置疑的。

但是从整体上看，体育竞技与我们的工作尽管有某些相似之处，但把二者混为一谈反而会让下属感到混乱。

为什么呢？因为在体育竞技中有明显的赢家和输家，而我们工作却并不是为了与谁一较高下。

在见过很多优秀的管理者之后，我坚信一点，那就是**越优秀的管理者，越会告诉下属做事的目的，而不是目标**。

所谓的目的就是"为什么要去做"。

为什么要做这项工作？

为什么这家公司会存在？

为什么汇报、联系和沟通很重要？

优秀的管理者会告诉下属这些东西。

相反，并非人人都有目标。而且即使个人有目标，公司追求的目标与个人追求的目标有时也未必一致。如果它们不一致，那么公司强加于员工的目标可能会降低他们的工作积极性。

 ## 人只有在明白"为什么"后才会付诸行动

公司的业绩指标定得太高；能否升职完全取决于你的销

售业绩；不断被要求开发优于同行的产品……

　　一直被迫与别人比赛是一件很痛苦的事情。因为大部分工作，比如资料整理、会计、开会、销售、日常业务汇总报告等，都与输赢无关。

　　在这种情况下，相较于与人竞争，下属更应该知道"我为什么要做这份工作""这份工作有什么意义"，这样才能让他们保持工作的干劲。

　　优秀的管理者深谙这一点，所以在与下属或员工交流时，会跟下属强调"为什么"。

　　不仅工作如此，其他事情也是一样。如果你是一位家长，想激发孩子的学习热情，那你也可以和他说同样的话。孩子不努力学习不是因为没有目标，而是看不到学习的目的。换句话说，他们不知道"学习这个有什么用"。

　　"我为什么要学这个？"如果不弄清楚这一点，当孩子面对不知何时能派上用场的因式分解和古典知识时，他只会感到痛苦。即使你很努力地给他设定目标，告诉他"你要取得好成绩""你要上一所好学校"，他也会不为所动，原因正在于此。

　　我要再强调一遍，我们追求的不是目标，而是目的，也就是找到它的意义。

那么，怎样才能知道目的是什么呢？

答案就是去追问"为什么"。

你告诉下属"为什么"了吗？你追问"为什么"了吗？

不断告诉下属"为什么"。

试着问问"为什么"

汇报、联系、沟通是非常重要的事情！

总之，你得向我汇报！

为什么？我不愿意……

你知道为什么向上司汇报很重要吗？

我觉得是因为如果不向上司汇报，就无法正确地处理这件事，对吗？

没错！你向我汇报，我可以帮你把工作做得更好！

不理解，所以不采取行动

因为理解，所以付诸行动

13

要看人说话

 不要和所有人讲同样的话

老大从一所非常好的大学毕业后，进入了一流公司工作，成了业界精英。老二却每天浑浑噩噩，毫无定性。他们的父母经常说："我们想要给孩子同样的教育，没有差别地把他们俩抚养长大，可是……"

事实上，这种所谓的没有差别是错误的。当然，对于父母来说，两个孩子同样可爱，但世上没有两个人是完全

一样的。

从特性上来说，老大和老二就像苹果和菠萝，他们的个性完全不同。苹果生长在温带，而菠萝生长在热带。你要在热带种苹果，或者在雪地里种菠萝，它们肯定不好吃，甚至会枯掉。

他们的父母忽视了一个事实：每个孩子都应该有不同的培养方式。如果不考虑他们的个性，把他们当作同一个人，无差别地培养，那么有的孩子会茁壮成长，有的孩子就可能变得自卑。

 每个人都有自己的性格和精神层次

尽管不清楚这是遗传、天性，还是后天形成的，但不可否认的是当我们出生时，每个个体都在某种程度上具有个性。

所有养育过新生命（包括人和宠物）的人都会有这种感受，而且有时还会对个体的性格差异之大感到吃惊。

即使是亲兄弟，也都有自己的个性和特点，更不用说在完全不同的环境下成长的下属了。他们自然会有不同的性格、经历和思想境界。有的人能积极主动地工作，有的人则需要很长时间才能成长起来。

尽管这一点做起来可能很难，但看清楚每个人的特点、用适合他的方式与他交流，是一个优秀管理者应该做到的。

和所有人都说同样的话，会让下属完全抓不住要点。作为管理者，这样说话很难培养好下属。佛祖说"见人说法"。管理者需要透彻地理解这句话，并培养自己看人说话的能力。

不要过分在意平等

也许你会想："这样做有偏袒之嫌，是不平等的。"

的确如此。但是如果我们过于在意平等，最终会忽视每个人的特点。

对此，重要的是要根据对方的性格特点调整自己的说话方式和语气，尽量用适合对方的方式与他交流。

面对不同的人，虽然你使用的表达手段（比如说话内容、讲述方法）并不相同，但只要你抱着同样的善意对待他就可以了。

这时，你的行为或许谈不上是"平等"的，但却是"公平"的。

当然，对于你不同的说话方式，有的人可能会觉得你偏心，"为什么你只对他说话那么温柔？"

但是总有一天他们会成长，会明白"原来那位领导特意用不同的说话方式，为的是让每个人都能理解他的话"。

作为管理者，你了解每个下属的特点吗？

100% 受欢迎的说话之道 13　不要和所有人都说同样的话。

14

提升下属自我重要感的 12 句话

我们喜欢把下属笼统地称为部下、队员、员工，但其实这种模糊的说法掩盖了他们的个性。每个下属都有自己不同的特点。可以的话，管理者最好根据每个人的特点来与他交流。不过下属越多，这项工作做起来就越难。

即使只有只言片语，但如果能真正地打动下属，他也就有了工作的动力。如果管理者能下意识地讲出打动人心的话，那么下属的工作积极性就能因此得到提高。

为此，我收集了一些能够打动人心、容易提升下属自我重要感的话语。

① "嗯，不错。"

下属希望得到管理者的认可，可以说他们总是在寻求管理者的认同。因此，管理者不要完全否定下属的提议和想法，而是要先肯定对方。这样下属才会觉得"我的意见被考虑了""管理者和我有同样的感受"，那么他的自我重要感就会得到提升。

对于下属的想法，管理者首先要说："嗯，不错"。

② "我们一起想一想。"

当下属遇到困难并为此感到烦恼的时候，管理者可能想亲自帮他解决。

但是在今天，相较于被直接告诉答案，下属更喜欢管理者和自己并肩战斗。因此，管理者并非一定要给出答案，而是先听听下属怎么说，然后和他一起寻找解决问题的办法。

③ "你很努力。"

无论结果如何，你都要先肯定他的努力，让他觉得努力没有白费。

相较于一句简单的"加油"，下属更愿意听到管理者说"你很努力"。因为这句话能让下属觉得自己的努力得到了认可，进而从自己的工作中获得满足感。

④ "你能行。"

管理者一句话的力量是巨大的。如果下属一开始就被"你行不行啊""你真的能做吗"这种令人焦虑不安的话语轰炸，就会下意识地产生一种自己注定失败的错觉。

相反，如果管理者告诉下属"你能行"，那么即使原来下属觉得自己做不了的事情也能做好。无论是好的还是坏的，管理者的话都会在下属的脑海中留下某种印象。管理者应该

要引导下属往好的方面去想。

⑤"没问题。"

这是非常典型的、能带给人安全感的一句话。尤其当这句话从管理者的口中说出时，它会给下属带来满满的安全感，帮助他们放松下来。一个人在放松时候的表现一定会比紧张时候的表现更好。

"没问题。"

当下属感到焦虑时，无论这句话真实与否，它都能够打消下属对未来不确定性的不安感。

⑥"啊，原来还可以这样想。"

当下属对事情的预估判断完全错误时，或者当下属明显说错话时，管理者需要纠正他的观点。这时，管理者不要用

"你说错了"来否定下属，而是要先认可他的话，然后告诉他
还有其他方法。这样一来，你就能很快走进他的内心。

⑦ "也许还有别的办法。"

实现目标和取得成功的方法不止一个。提前告诉下属多
种选择，让他知道"即便那种方法不行，还有这种方法"。这
样可以激发他更大的潜力。

这是一句非常有用的话。你既没有否定下属的想法，又
为他提供了更多的可能性和选择。

⑧ "我会负责。"

这是一句非常需要勇气的话。优秀的管理者会告诉下属：
"最终责任由我承担。"有了这句话，下属就能有信心地开展
工作，而且会尽力把工作做好，因为他们"不想让领导一个

人承担责任"。

 ⑨ "有什么需要我帮忙的，尽管说。"

与锦上添花相比，人们更喜欢雪中送炭。管理者应该成为雪中送炭的人。

下属遇到困难时，领导应该伸出援手，这将极大地提高下属的工作动力。

 ⑩ "有你在真好。"

当一个人能够帮到别人时，他会非常高兴。当一个人被别人需要时，他就能找到自己的存在价值。

"有你在真好。"

这是最能提升对方自我重要感的话了。毫不夸张地说，如果你的周围有很多能让你产生这一想法的下属，那么作为管理者，你一定非常幸福。

 ⑪ **"干得好！"**

　　极少有管理者会抢占下属的功劳，不过反过来说，能明确肯定下属成绩的管理者也不太多。

　　管理者不要吝啬自己的褒奖，一定要多多表扬下属。即使是只言片语，也会让下属感到自己的努力付出得到了回报。

 ⑫ **"有你们在，我不可能输。"**

　　这是我收集的最后一句话。越是团队成果丰硕的管理者，越会对下属说这句话。

　　这句话能提升下属的自我重要感，让团队瞬间士气大振。它让下属觉得被领导依赖、信任。虽然有的人会将喜悦表现

在脸上，有的人不表现出来，但应该没有人听到这句话会不高兴吧。

100% 受欢迎的说话之道

14

牢记能够提升下属自我重要感的 12 句话。

提升下属自我重要感的 12 句话

①嗯，不错。

②我们一起想一想。

③你很努力。

④你能行。

⑤没问题。

⑥啊，原来还可以这样想。

⑦也许还有别的办法。

⑧我会负责。

⑨有什么需要我帮忙的，尽管说。

⑩有你在真好。

⑪ 干得好！

⑫ 有你们在，我不可能输。

管理者怎样说话才不会令人讨厌？

15

知道下属"讨厌"什么比知道他"喜欢"什么更重要

 关系能不能长久，要看双方是否有共同语言

问这样一个问题。

假如你在某种立场上是企业经营者、上司、父母、老师一类的管理者，那么你知道下位者最讨厌什么话吗？你是否完全了解他们的身体情况、心理状况、过去的创伤和当下的烦恼呢？

能立即回答出上述问题的人并不多。

人们对于与自己喜好相同的人，换句话说，人们对与自己在正面意义上有共同点的人会产生亲近感并逐渐喜欢上对方。因此很多关于沟通的书籍或讲座都会谈到，"要找到共同的爱好"。

确实如此。

不过，人与人之间的关系能否长期维持下去，是由"知道对方讨厌什么"来决定的。

少说别人不爱听的话

我在工作中接触过各种各样的管理者。当我这样和他们说时，很多人会说："这一点我从来没想过。一直以来我只是去了解下属喜欢什么。"

当然，知道下属的喜好很重要。当你发现了你们的相同喜好，比如高尔夫、汽车、食物或宠物时，你们的关系肯定比之前更密切。

但仅凭这一点，也并不能保证你们今后的关系会一直融洽。

　　一开始，为了搞好关系，下属会努力了解上司的喜好，主动找话题和上司交流。但是，时间一长，下属开始懈怠，就会展现出自己真实的样子。

　　这个时候，下属会注意到管理者令自己感到不舒服的小事。"上司真絮叨""领导俯视的目光真让人恼火"。

　　时间长了，一个人本来的样子就会慢慢表现出来。

　　只有了解一个人在真实状态下讨厌什么，并且尽可能避免它，才能维持好关系。

　　因此，在与下属建立良好的关系时，最重要的是"知道他讨厌什么"。

 ## 从"喜欢的事情"逆推"讨厌的事情"

　　要与下属建立长期友好的关系，一定要知道他讨厌什么，特别是不要用语言激怒他。一流的管理者非常清楚这一点，所以他们认真听下属说话，努力去理解下属。他们知道，在与下属交往时，比起"被喜欢"，"不被讨厌"更加重要。

每个人都有自己讨厌的东西。概括来说，人们不想听到的话大致如下。

- **不喜欢总被提起过去的错误**
- **不喜欢被直呼名字**
- **不喜欢私生活被刨根问底**
- **不喜欢听人吹牛**
- **不喜欢被长篇大论地说教**
- **不喜欢对方盛气凌人地炫耀自己**
- **不喜欢对方的指示太过琐碎、事无巨细**

当然，可能也有并不太在意这些事情的下属。不过可以肯定的是，每个人都有自己不爱听的话。

下属愿意回答你的问题还好，你可以直接问他"你最不爱听别人说什么"。但是有的下属不愿意直接回答这个问题。面对这种下属，管理者很难郑重其事地向其提问。

遇到这种情况，我们还有其他方法。比如尽可能轻松地在会议上讨论"什么样的人会受到你的尊敬""你想要怎样的职场环境"等。

只要听一听对方喜欢什么，再认真倒推一下，就可以尽量避免踩到他的雷区。

管理者的说话方式和语言的选择运用非常重要。想必谁都不想因废话而破坏与下属的关系。

 100% 受欢迎
的说话之道
15

了解对方讨厌什么,少去做,少去说。

不喜欢听的 7 种话

①不喜欢总被提起过去的错误

之前你出问题的那件事……

絮絮叨叨

絮絮叨叨

絮絮叨叨

②不喜欢被直呼名字

喂！山田！

③不喜欢私生活被刨根问底

昨天你在家干什么了？

有女朋友了吗？

④不喜欢听人吹牛

我以前得过第一！

⑤不喜欢被长篇大论地说教

我想说一下这里的问题……

然后再……顺便说一下……

喋喋不休

喋喋不休

喋喋不休

⑥不喜欢对方盛气凌人地炫耀自己

你知道吧，我和先生很熟……

⑦不喜欢对方的指示太过琐碎、事无巨细

这里这样做……

事无巨细

这里那样做……这里再那样做……

事无巨细

事无巨细

16

为什么你的下属不发表自己的意见?

 管理者是否讲得太多了?

下述情况真的很令人不可思议。

明明父母很健谈、很开朗,孩子却恰恰相反,谨小慎微、沉默寡言。

企业老板口才很好,很有号召力,员工却不太表达自己的想法,做事唯唯诺诺。

上司工作能力很强,下属却都唯唯诺诺。

上述情况出乎意料地多。

遇到这样的下属，管理者会说："你们要有更多自己的想法。"或者"你们难道没有更好的意见吗？"

然而，出现这种问题的根源不在别人，几乎都在管理者自身。

 ## 凹凸定律

人是受环境影响的生物。身处怎样的环境、和怎样的人在一起会在很大程度上改变一个人的行事风格。因为人总是要努力适应环境的。

我把这种现象称为"凹凸定律"。

以职场新人为例。

刚进入社会和职场时，职场新人对今后作为社会成员的生活满怀憧憬。只是在社会中，新人并不像学生时代那样只和同龄人交往。20 岁左右的年轻人和 60 多岁的人坐在一起的场景也并不奇怪。夸张点说，这种年龄差就像爷孙辈间的差距一样，这也导致双方的价值观完全不同。

在这样的社会环境下，如果职场新人不断被告知"社会就是这样""不要顶嘴"，那么他们最初的理想就会支离破碎，他们也会因此放弃之前的一腔热血，认为"我说什么都是没用的"。

就这样，为了适应环境，原来精力充沛、有主见的人在不知不觉中改变了自己。

若用凹凸定律来理解，则当凸面与凸面相碰时，其中一个凸面会逐渐变成凹面。而在大多数情况下，下位者会不可避免地变成凹面。

为什么会出现一大批停止思考的下属？

健谈的父母和沉默寡言的孩子、有领导力的经营者和唯唯诺诺的员工、能干的上司和老实的下属……当我们套用凹凸定律时，会发现这种情况的出现并不奇怪。

简单来说，就是"**管理者说得太多了**"。事无巨细地做出指示、滔滔不绝地谈论自己的想法、不给下属说话的机会，这些都是强势的管理者无意间做的事情。

如果这种状况一直持续下去，下属就会产生依赖心理，会认为"我只需要把上司吩咐的工作做好就行"，其结果就是会出现一大批停止思考的下属。

100% 受欢迎的说话之道 16　**不要剥夺下属发言的机会。**

管理者说得太多，下属会丧失工作积极性

①健谈的父母和沉默寡言的孩子

你要这样做。
数学要……
语文要……

……

②有领导力的经营者和唯唯诺诺的员工

那项工作按照 A 去做！
另一项按照 B 去做！

好的。

③能干的上司和老实的下属

这些难题都由我来做，
你只需要按我的要求做
好分内之事就可以了。

……

这样做，下属会失去工作积极性

> **管理者一定不能单方面说太多**

17

管理者越优秀，说的话就越少

 说话能力和倾听能力之间的另一种能力

怎样才能培养出有主见的下属呢？相信你已经明白了。那就是让下属说话。

不是命令他发表意见，而是创造一个他愿意畅所欲言的环境。

人通过语言来思考。父母、上司、老师等管理者的话确实会对一个人的思维方式产生很大影响，但其实影响最大的话是"自己说的话"。

一个人通过语言来打造自己的思维，利用语言创造未来。积极表达自己的观点、说一些积极向上的话，会使人自然而然地成长起来。反过来，如果总是说一些消极的话，那么自己的人生就会同样陷入困境。这是因为最认真听自己说话的人不是别人，正是你自己。

让下属自主思考、主动表达

虽然现在我是这样说的，但在 20 多岁的时候，我其实也是那种什么事都要亲自做出指示的领导。

我白手起家，有很大的野心，所以行事作风很强势。在刚创业的阶段，和下属开会或面对面交流时，总是我在说，他们在听。总量为 10 的话，我说话和他们说话的比例大概是9.5：0.5，而且我还总是要求他们多发表意见。

写到这里，我感到很惭愧。那时，有很多前辈看不下去了，他们告诉我："**你说得太多了。必须让员工多说**。"多亏了前辈的建议，我才决定改变工作作风。

让每个人都能主动说话的重要能力

"从今天开始我要做出改变！我要听你们讲！"

在一次会议上，我这样宣布。

员工一开始都非常惊讶。而我就像刚刚接手工作一样，完全不说话。当时不得已自己组织开会的员工直到现在还在说："当时我们心里直打鼓，不知道您到底想要干什么。"

员工说话时，我只是一味地点头称赞。

但是，这是一件很需要忍耐力的事。

现在的我明白了，良好的沟通需要说话的能力和倾听的能力。除此之外，在这二者之间还隐藏着另外一种重要的能力。

那就是"不说话的能力"。

当看到员工的思路偏离正确的方向，或者自己知道更好的方法时，我会不自觉地想要插嘴。但是我告诉自己"把一切都交给他们"，要锻炼自己"不讲话的能力"。就这样，不知不觉间我发现员工们逐渐有了干劲儿。

除此之外，我还发现他们有很多奇思妙想。这让我很吃惊，我没想到他们有这么好的想法。也正是他们的这些想法使我的店逐渐发展壮大。我这才发现，**一直以来我都在破坏他们潜力的发挥**。

从那以后，"不说话"自然而然地成了我的工作作风。我支持下属们实现自己的想法，这让我感到非常快乐。

100% 受欢迎的说话之道
17

培养"不说话的能力"。

管理者需要具备的 3 种能力

①说话的能力

接下来我会考虑这个计划。

②不说话的能力

让我听听你怎么说。

啊！我也在考虑一些新东西……

③倾听的能力

例如再这样做一下。

原来如此。

了解，了解。

具备"不说话的能力"的人才是真正的管理者

18

怎样说话才能帮助下属独立思考？

 20 世纪最优秀管理者的提问技巧

这已经是 30 多年前的事了，所以 30 岁出头的人可能不太熟悉。

昭和时代是优秀的管理者辈出的时代。若要问"昭和时代最优秀的管理者是谁"，恐怕人们第一个想到的就是松下电器的创始人松下幸之助先生了。

说起优秀的管理者，我们一般会联想到这些特征：能言

善辩、魅力四射、能够打动很多人。松下先生当然具备这些能力，但其实他最厉害的武器是提问的能力。

在各种问题中，松下先生问得特别多的就是"**你是怎么想的？**"他总是说："我小学毕业后就没有受过学校教育，所以我要向优秀的人请教，以此来获得智慧。"

向优秀的人请教，这听起来无比合理。每个人都有自己擅长的事情和不擅长的事情。自己不擅长的部分就向他人请教，交给他人来做。往大了说，这可以极大地提高自己的成功率。

松下先生之所以成为划时代的管理者，正是因为他深知这一点。

或许有人会说，我怎么能和松下先生这样优秀的管理者相提并论呢，你举的这个例子不太恰当。但是我要说的是，无论对于怎样的管理者来说，"你是怎么想的？"都是一句意义深刻的话语。

 尽量不给出答案

真正培养人才的管理者大多都是沉默寡言的人。

"我应该怎么做？""正确答案是什么？"对于这类问题，他们都会尽量让下属自己思考。

这样的管理者会尽可能地容忍失败，除非出现事关组织生死的严重问题。

因为他们很清楚，被动学习的内容、被迫去做的事情不会变成自己的东西。只有自己去思考、去尝试，我们才能获得知识和自信。

管理者要让下属自己去思考、去行动，培养他们独立思考的能力。正是因为深知这一点，所以优秀的管理者不到万不得已不会给出答案。

成功掌握在自己手中

在年轻且缺乏经验的时候，每个人对未来都抱以乐观的态度。

从管理者的角度来看，有些事注定会失败。不过这也并不是绝对的，也许在某处隐藏着一些可以让事情成功的方法，只是连经验丰富的管理者都没能找到它罢了。

但无论怎样，都要用行动找到答案。如果下属因此做出了成绩，那么管理者一定要尽全力表扬他，告诉他："**哇，成功了吗？做得好！你太棒了！**"这会让下属更有自信。

当下属失败时，有些话绝对不能对他说，比如"我就知道会失败"，这会极大地削弱他的自我重要感。

成功了就大力表扬，失败了就默默帮忙善后。

"你是怎么想的？"如果管理者熟练使用这句话，就会收获丰硕的成果。

100% 受欢迎的说话之道
18
让下属自己思考。

19

坦然地谈论失败

 不要总说"我年轻时怎样怎样"

"最近的年轻人真不行。我们那个时候……"这是年轻人和下属非常讨厌的三句话之一。

从古至今这都是一句不断被年纪大的人重复、被年轻人嫌弃的话。

在这里我斗胆说一句，我们应该尽量避免说这句话。

尤其在令和时代[1]，周围的一切事物都在飞速地发生变化。管理者口中的与现实生活完全不同的昭和时代[2]和平成初期[3]的事在下属看来都太遥远了。

除非被问到，否则受到下属拥护的管理者很少谈自己年轻时的事情。为什么呢？因为他的事业还在不断向前发展。

从这一点来看，如果一个管理者总是谈起自己年轻时候的事，那么人们就会认为他不再有进步的空间了。

不要拿自己过去的辛苦来炫耀

当然，有的时候管理者必须讲自己以往的经历。比如当下属问你的时候，或者下属受到挫折，你要鼓励他的时候。

这个时候，不要讲过去有多么好，而要从下属的角度来讲述，告诉他"我在你这个年纪的时候，也曾有过一样的烦恼"。

---

[1]　令和时代是指 2019 年 5 月 1 日至今。——译者注
[2]　昭和时代指 1926 年 12 月 25 日至 1989 年 1 月 7 日。——译者注
[3]　平成时代指 1989 年 1 月 8 日至 2019 年 4 月 30 日。——译者注

越是优秀的管理者，经历的挫折就越多，并且会积累大量失败案例。

让下属知道怎样取得成功很重要，早早把陷阱告诉下属，让他明白"这样做会失败"也很重要。从长远来看，这样做总有一天会为他的人生助力。

如果管理者能坦然讲述自己遇到过的挫折，他就会收获下属的拥护，因为他的经历能帮助下属成长。管理者累积各种失败经验，并将这些都告诉下属，那么下属在人生道路上就会走得更踏实。这个道理就如同家里两个孩子的成长一样，最小的孩子看到哥哥姐姐犯错被骂，会接受教训，今后会做得更好。

优秀的管理者深知这一点，所以他们只有在认为对下属有益的情况下，才会谈论自己过去的挫折与失败。

因此，管理者一定要把自己的成功事迹、辛苦往事通通藏起来。不主动说辛苦的管理者才是有魅力的管理者。

不是管理者自己说出来，而是以某种形式从别人的口中讲出来，这样下属对你的拥护钦佩之情才会更深。

100% 受欢迎
的说话之道
19

不要用"现在的年轻人啊"这句话开头。

20

比起成功，
下属更想知道管理者的失败经历

 下属想知道"你是怎样度过危机的"

"想展示自己好的一面。""想让下属都尊敬我。"……只要是管理者，心里都会这样想，这是人之常情。正因如此，我才建议你和下属讲讲自己失败的经历，而不是成功的经历。

你或许会想，"那样一来，下属岂不是会嘲笑我"。但事实恰好相反。

能够笑着讲出自己失败经历的人，才是有魅力的人。

总是告诉别人你是怎么成功的,总是想把自己好的一面展现出来,别人、特别是一直和你待在一起的下属会感到厌倦。

那么要讲些什么事情呢?

来一场"共鸣谈话"吧

讲什么样的失败经历比较好?

如果可以的话,最好讲一些工作上的事情,或者与下属有关的事。下属通常对管理者年轻时工作上的失败经历非常感兴趣。**因为人们虽然渴望成功,但更不愿意失败**。无论管理者多么成功,对于还没有达到这一阶段的下属来说,成功的故事都还过于遥远。

一般来说,一个人经历挫折的原因无非那么几个,最多不超过 10 个,比如因过度紧张而丢脸、想展现一下自己却因此犯了大错、因不听取别人的意见而失败、想要轻松取得成功而轻率冒进等。

很多人都曾与他人有过同样的感受,所以他们很容易接受这种谈话形式。**人们会下意识地对他们了解的或有共同点的事情产生共鸣。**在听的时候，能让他们频频点头的故事往往不是管理者的成功经历，而是失败经历。

 重点是告诉下属你学到了什么，而不是你做了什么

不过，处于领导地位的人谈论自己的失败经历并不是为了逗下属开心。单纯为了逗下属开心是无意义的。归根结底，在当今这个时代做不好工作的人，其实就是一个失败者，所以你的故事一定要给下属带来某种帮助。

你应该和下属讲哪段故事呢？

人们想听的不是成功的故事，也不是你如何辛苦付出的故事，而是关于你为什么会失败、怎样从谷底反弹、扭转局面的契机是什么的故事。此时，你的故事中一定要出现一个人，那就是"**让自己有所觉悟的人**"。

当你跌落谷底时，那个人对你说了什么？说这些话的人既可能是你的前辈，也可能是拥护、支持你的后辈或部下，甚至可能是附近卖烟的老大爷。那个人是谁不重要，重要的是他对你说了什么，这些话带给你怎样的触动。这才是你要讲给下属听的部分。

如果这些话可以让你"死而复生"，那么其他听到这句话的人可能也会因此重获新生，有所领悟。

成功不需要管理者自己来说，下属一看便知。你无须强调自己的成功，但是你的故事中至少要有一点能让人有所领悟。

管理者和下属交谈时最重要的是选择那些"能让下属感同身受的、对下属有益的故事"。这就是你与下属交流时的主线。

100% 受欢迎的说话之道 **20** **将失败经历带给你的感悟以及你的感激之情告诉下属。**

"失败经历"打动人心

告诉下属你的失败经历，而不是成功经历

> 其实我曾经因为某件事经历过失败。

谈论能引起他人同感的经历

> 我不听上司的话，擅自行动，结果在产品交期上栽了个大跟头。

告诉下属你学到了什么，而不是你做了什么

> 以前，我的老师这样和我说……

21

酒场中的下属心声

 酒场中要怎样表现？

在公司聚餐或者社区举办的社交聚会中，特别是晚上喝酒的时候，最容易暴露出一个人的本性。

管理者参加酒会需要承担一定的风险，因为如果表现不好，下属就会想："平时那么好的一个人，怎么一喝酒就变成这样了。我还是离他远一点吧。"

因酒场上的言行而栽跟头的管理者不在少数。

几杯酒下肚，毫无顾忌地想说什么说什么。酒醒之后无论怎么道歉，无论说多少遍"昨天真是对不起"，都很难重新获得别人的信任。因为大多数人都认为"当一个人醉酒时，他并不能很好地受到理性的约束，此时他说出的话应该就是他的真心话"。

要有好的酒品

你可能觉得有些心里话只有借着酒劲才能一吐为快。但事实并非如此，与之相反的做法才能真正提升下属对管理者的好感度。

这是什么意思呢？意思就是作为管理者，平时对待工作要严肃认真，要在喝酒的时候有好的酒品，喝酒后不乱来，而且要能在下属醉酒时倾听他的心声。

平时习惯压抑自己真实想法的管理者，在酒场上需要特别注意。如果趁着酒劲把平时压抑的想法一股脑地说出来，会导致意想不到的失言。你的说话内容和说话方式可能会给下属带来很大的精神伤害。

企业经营者或者公司领导的话对下属的影响力超乎人们的想象。酒后失言可能会打消下属的工作积极性，而且给周围听到的人留下不好的印象。

现在已经不是昭和时代了，社会已经不再认同"在酒桌上大喝特喝也是光荣的工作"这种理论了。

在今天，当下属被问到"工作中什么让你感到最累"的时候，"和上司一起喝酒"往往会排在前列。

酒场上的行为或损害管理者的形象，或彰显管理者的风度，并且在酒场中的表现会极大地影响今后管理者与下属的关系。

 酒场行为手册

在酒场上怎样讲话才不会出错？

你要牢记**"无论喝多少酒，这都不是你与家人朋友共处的私人时间，而是你作为管理者的一项重要工作"**。

总结来说，酒场上要注意以下几点。

【 酒场上不该做的事 】

- **不要说教**

- 不要说"我年轻的时候……"
- 平时无法对下属说出口的话，在酒场上也不要说
- 不要炫耀

【酒场上应该做的事】

- 表扬、安慰平时努力工作的下属
- 微笑点头，聆听下属的话
- 下属讲起好笑的事情时，和他一起笑
- 与下属交流，让他对未来有期待
- 在人前表扬下属

这样提前做好准备再行动，作为管理者，你的声誉肯定会大大提高。从积极的角度来看，参加酒会能让管理者了解到下属的真实想法和下属对公司的感情，同时，这也是管理者提高声誉的良机。

100% 受欢迎的说话之道 21　**在酒场上要注意说话方式。**

22

如何与下属以外的人说话？

 聪明人说话总是很谦虚

　　我们都讨厌别人自我吹嘘，无论时代怎样变化，在日本人看来"吹嘘自己都是一件很不体面的事情"，这种"耻感文化"已经根深蒂固地存在于日本人的内心。正因如此，我们才本能地讨厌自夸。

　　不过作为成年人，如果只是吹吹牛或许还可以被接受，但是如果是狂妄自大、盛气凌人的话，人们肯定会对他敬而远之。

无论是狂妄自大，还是盛气凌人，都是因为他的内心无法得到满足。**对自己有着充分自信的人，通常不会炫耀自己。**无论给他多少钱，他都不会利用地位或者权力来逞威风。

越是阅历丰富的人越是聪颖，这样的人既拥有不认为自己高人一等的通透的智慧，又对他人满怀感激之情，感谢他们成就了自己。

如果管理者是这样的人，那下属是多么的幸运啊！

善待弱势群体

一个管理者是怎样说话的，不仅可以通过对下属的言行表现出来，还可以通过对周围的人，特别是弱势群体的言行表现出来。

这样一想，管理者这份工作其实很辛苦。

那么弱势群体指的是哪些人呢？

他们是平时很难和管理者说上话的人，或者因为职位关系经常遭人白眼的人。例如新员工、打扫公司厕所的人、拉载管理者外出办公的出租车司机、宴会大厅的工作人员、晚会上的服务人员等。

下属的观察之细超乎管理者的想象,他们会看管理者怎样和弱势群体说话。

无论管理者平时对下属讲话多么客气,说得多么好听,当下属看到管理者对没有直接关系的人讲话妄自尊大、傲慢无礼时,他都会想"啊,原来他是这种人"。

如果管理者要友善地讲话,就要对所有人都秉持同样友善的态度。

脾气暴躁的管理者要保持一惯性

对上司点头哈腰,对同事争强好胜,对下属颐指气使,这种人只是少数。

有一类被称为铁腕管理者的人,他们天生性格暴躁,与生俱来的气质再加上环境影响导致他们嘴巴笨、说话粗鲁。但是这样的铁腕管理者当中,也有人会因为某种原因而受到下属的喜爱。

原因在于这样的管理者待人接物"始终如一"。换句话说，他不仅对下属言辞粗鲁，对上司的态度也很差。

这样的管理者让上司很头疼，因为他敢于说出别人不敢说的话。因此在所有人看来，"他本来就是那样的人"。也就是说，人们已经认同了他的"人设"。

对下属逞威风，对上司也摆架子。

对下属言辞粗鲁，对上司讲话也很无礼。

对下属想说什么就说什么，在多人会议上也是一样。

这就是一贯性。

下属最讨厌见人下菜碟儿的管理者。如果一个管理者无论对谁的态度都一样，嘴笨、想说什么就说什么，那这可能只是他作为管理者的一个特点而已。

尽管下属可以接受脾气暴躁、一视同仁的管理者，但我们仍然要记住一点，那就是下属最喜欢的依然是关心下属、交流时情绪稳定的管理者。

100% 受欢迎的说话之道
22 重视弱势群体。

成功人士的
32种沟通技巧

第 4 章

管理者在人前讲话如何
不紧张？

23

在人前讲话时的注意事项

 能打动 3 个人，就能打动 1 万个人

公司大会、组会、早会、面对面谈话……管理者要参加各种各样的会议，少则数人，多则数百人。在人前讲话的机会越来越多，这让管理者感到压力很大。

接下来，我将根据自己的经验详细谈一谈"**在人前讲话时的注意事项**"。

目前，我的主要工作是写书、出书。此外，我还给共计

60多万人做过演讲。其中有单次听众超过1万人的大型演讲。

我曾经在很多场合讲过这句话，而且现在我很确信这句话是对的。**那就是，无论面对3个人说话，还是面对超过100人的听众说话，说话方式都一样**。换句话说，能在3个人面前把话讲好的人，同样可以在1万人面前侃侃而谈。在这方面我很有经验，我可以充满自信地保证这一点。

"我能在3个人面前讲话，但是人一多我就很紧张。"如果你有这种感受，那只不过是因为你过度在意数字而产生了错觉。

 怎样避免讲话喋喋不休？

管理者总是有各种各样的想法。这样的管理者有时会出现"**讲话时间太长、在规定时间内讲太多内容、讲话速度太快**"的问题。当然，他们基本上都是因为想告诉下属怎样做事，所以在讲话时"这个也说，那也那说"，结果往往超出了下属的承受能力。

其实这种情况是可以避免的。越是认真的管理者，越会事先准备好讲稿。不过，在正式讲话时，最好不要把讲稿的内容全部讲出来。因为在写稿子时，我们会根据当时的理解，把自己想说的话全部都写出来，这也会导致讲稿很长。

每个人在讲话之前，都会准备一份讲稿。但是在很多情况下，面对听众时，你预期的节奏会被打乱。

怎样避免出现这种情况呢？一个有效的方法就是你要告诉自己，你能讲出稿子的三成，也就是 10 个要点当中你能讲出 3 点就可以了，能讲出一半就算是完美的。

讲稿不要太详细

经常在人前讲话的人，尤其是那些专业从事演讲的人和在研讨会中发言、有丰富的工作经验的人非常清楚这一点。因此，我们要把真正想说的要点提前总结成三大部分，然后深化每一部分的内容。

不过，一来这种事情只有经验丰富的专业人士才能做好，二来并非所有的管理者都是演说家或研讨会讲师。

讲一段话通常需要 3~5 分钟。以此为基准，如果讲话时

间在 5 分钟以内，那么只需要讲一个主题。

　　一般来说，10 分钟之内的讲话，都可以用一个主题来概括。这样推算，如果你有 30 分钟，去掉自我介绍的时间，你最多只能谈论 3 个主题。如果超出 3 个主题，那就说明你讲得太多了。

　　"**我能讲的没我想得那么多**"。在说话时牢记这一点，你就能够配合对方放慢语速了。

　　不要把讲稿写得过于详细，要先把你想说的话总结出来，在不偏离主题的前提下，灵活地把话讲出来。

"意犹未尽"的程度刚刚好

　　当你想讲很多东西时，你要分成几次来讲。如果一次讲太多内容，对方的大脑会一片混乱，不知道"领导到底想说什么"。

　　我们要言简意赅地讲好一个主题，而且要在对方"想再听一会儿"的时候结束讲话。

　　"意犹未尽"更能让人产生听下去的欲望。这一点不仅适用于人前讲话，而且适用于写书。如果作者把他知道的所有东西一股脑儿地写出来，那么在读者看来，这本书就和百科全书没什么差别。

我们要结合对方的意愿，把讲话内容凝缩成几个要点，再言简意赅地讲出来。

如果管理者既有想法，又有热情，那请一定记住这一点，因为它会在很多场合帮到你。

100% 受欢迎的说话之道
23　　**不要把讲稿内容全部说完。**

在人前讲话的三大注意事项

①无论对 3 个人讲话，还是对 100 个人讲话，都基本一样

也就是说……

我要讲给他们听。

②内容不要太多

重要的是……

能讲 3 点就足够了。

③"意犹未尽"刚刚好

今天就到这里吧。

真想再听听啊。

24

用语言在心里描绘一幅画

 人人都是编剧

　　说话时最打动人心的既不是技巧，也不是理论，而是一个人的故事。

　　优秀的管理者都是编剧。

　　在这里我想问你：你曾经用自己的故事打动过别人吗？

　　有的人会说："没有，我没有过这种经历。一来让人感动的事情没那么多，二来我也不擅长讲故事。"

如果你也这样说，那么请回忆一下小学班级郊游时或者和朋友一起外出宿营的时候，**你有没有讲过鬼故事吓唬小伙伴的经历？**

那么，我们用"有没有"的这种思维模式再来想一想。**当你感到困顿的时候，有没有人因此为你流泪？当你遭遇挫折的时候，有没有人因此嘲笑你？**

当被问到这两个问题时，很多人都点头表示赞同。

在那一刻，你可能专注于说话而没有意识到，其实那一刻你正在娓娓动听地讲述着自己的人生故事。

也就是说，你也有向人讲述一件事的能力。

 ## 用"百闻"打败"一见"

能够用讲述打动人心的管理者还具备这样一个令人意想不到的要素。

比如，你先向人介绍了你喜欢的电影或餐厅，之后你又询问他观赏后或品尝之后的感想。他说："听了你的介绍，我满怀期待地去了那里，结果不如你说的好。"

听他这样说，你肯定会很沮丧吧。**但是，从讲述的角度看，这是你的成功。因为你的描述比实物更好，所以他们才会觉得期待落空。**他的不满恰恰说明你为他做了一次精彩的演讲。

常言道"百闻不如一见"，这句话的意思是"听过一百次也不如见过一次"，但它同时也意味着说话人的描述很蹩脚。

一个擅长演讲的人如果做了 100 次演讲，那么他的描述大概会比看到的实物更好。

依赖 PPT，你的讲述能力会变弱

我以讲话为生计，并且至今为止为许多管理者提供过讲话和演说技巧的咨询和指导。一开始我就告诉他们，**讲话时尽量不要使用 PPT**。

听到我的话，可能很多人都觉得不可思议："你在说什么？在今天，说起演讲，首先少不了 PPT 的吧！"但是我要告诉你，如果你真的想提高自己的表达能力，那么一开始就不能依赖 PPT。即使要用 PPT，也要等到能用自己的话把一

件事讲好之后再用。

基本上，只要进行口头、手势及姿态动作的练习，就能提高表达能力。

如果一开始就过度依赖 PPT，就会变成解说型的说话方式。那么在不能使用 PPT 的场合你就无法很好地说话，并且解说型的说话方式也无法调动人的情绪。

想要告诉对方某个情景，不是一下子拿出照片让他看，而是要先练习用自己的语言在对方心中描绘出那幅图景。

 讲话要有画面感。

25

去找"听你讲话的那一个人"

 致太过在意听众反应的演讲者

　　美容工作室的店长、餐厅的兼职员工领班、拥有下属的课长等许多管理者在刚上任主持会议的时候，或者在早会上向下属传达一些事项的时候，都会因为没有习惯自己的新角色而感到紧张不安。

　　当新手管理者处于紧张不安的心理状态时，哪怕看到一个下属面无表情，不知道有没有在听自己讲话时，恐怕都会

心态崩溃。

我想告诉管理者，**当你看到这样的下属，请主动忽略他**。把他从你的视野中抹掉，绝对不要把注意力放到他身上，也不要试图让他明白你说的话。

 当没人听你讲话时，你要如何应对孤独感？

你可能会想："永松先生，我们讲的是管理者应该怎样讲话，你这么说合适吗？"没关系的，不要和不听你讲话的人正面对抗。

你应该怎么做呢？我的答案是：**听众当中总会有一个人让你觉得"他在听我讲话"，所以你就只管向他说就好了**。而其余的听众，你可以把他们都看作局外人。

导师的教导挽救了过度反应的我

这是我职业生涯中的一次悲惨经历。

20 年前，我刚进入演讲行业的时候，那些不听讲的人和睡觉的人对我来说简直就是噩梦。有好几次我试图去说服他们，这也导致我的演讲变得很莫名其妙。

当时，指导我写作和演讲的导师对我说："**你就只盯着听你讲话的那 1 个人说就好了。这样外场不管是 1000 人还是 1 万人，你都可以冷静地讲话了。你要记住，重要的是那 1 个人。**"听了他的话，我心情一下子放松下来。这件事让我记忆犹新。

导师和我之间还有这样的对话。

"你知道，你讲话时有些人没反应，是吧？"

"是的，他们让我很难受。"

"其实那些表情严肃的人是在听你说话呢。"

"真的吗？"

"是的。人在一边听一边自问自答的时候就会皱眉，所以比起那些一边微笑点头一边听你讲话的人，或许表情严肃的

人在更认真地听呢。总之，不管怎么说，只要他们在那里，就证明了他们在听，所以你不要太在意他们的反应。"

 ## 不要对着所有人讲

新手管理者，请听我说，**无论是组会还是公司大会，不要把注意力放到表情严肃的听众身上。你只看听你讲话的人并认真地把要讲的话传达给他就行了。**

现在我们有时还会开线上会议。为此我想说，当你看到屏幕另一边的人面无表情，甚至连人都没有，一片漆黑的屏幕上只出现头像时，你要当他们都不存在，开开心心地把他们都忽略掉。

世界上有各种各样的人，每个人都有各种各样的想法。不要试图让所有人都点头赞同你，那太困难了。你首先要做的是和那些好说话的人交流。

面无表情听人讲话是一种非常失礼的行为。还只是演讲新手的你，无须为这样的人费心。

对于这种人，当你稍微适应了演讲者的身份时，再逐渐把他们纳入你的视野就行了。

讲话时只关注正在听讲的人。

面对众人讲话时的窍门

换句话说……
那个……

这是……也就是……

试图告诉所有人

只面向听讲的那 1 个人说

因为听众没有反应而受到打击，
无法集中注意力讲话

能够把想说的话准确地
传达给对方

26

利用管理者的特权，打造点头文化

 为什么只在开会时板着脸？

可能是在工作中遇到很多不同的管理者、参观过各种不同的公司的原因，我时常发出这样的疑问：为什么不把它作为公司章程固定下来呢？

这里的"它"指的是"听人讲话时的规则"。

可以说日本人是特别不善于表现自己的民族。此外，从小学开始，日本孩子就被告知"一定要好好听人讲话"。

可是人们误解了这句话，这也导致日本形成了这种"听人讲话时面无表情、没有反应才是礼貌做法"的奇怪且错误的文化。

公司里的女孩平时叽叽喳喳地谈论生活琐事："早啊！我昨天去了附近的咖啡店，那家店咖啡特别好喝！"但是当她们一进入会议室，就像被关掉开关一样，马上变得面无表情。然后，会议就在这样沉重的氛围中开始了。

在会议上发言的人看来，被这种表情包围简直是一种酷刑。对还不太习惯或者不擅长在人前发言的人来说，这甚至可以说是地狱。

所以日本人不喜欢开会。到了星期天，几乎没有人会兴奋地想，"哇，明天就开始上班了。希望赶紧开会"。究其原因，毫不夸张地说，就在于这种沉闷的会议氛围。

管理者的倾听姿态是一切沟通的开始

我在做企业管理咨询时，要求管理者做的第一件事就是改变开会的方式。此外，最需要管理者做出改变的是他们的倾听姿态。

抱着胳膊板着脸听——这绝对不行。

领导首先应该练习微笑着点头倾听。

这样做会带来怎样的改变呢？

我可以百分百肯定地说，团队会因此变得更加活跃，公司销售额也会随之提高。这比参加昂贵的研讨会或引入先进的营销系统更能提高销售额。最重要的是，这样做还能提升员工的工作积极性。

显而易见，畅所欲言的会议环境才能激发员工的工作热情，才能让他们提出好的想法。

管理者点头倾听下属的话会提升下属的自我重要感。

如何打造畅所欲言的会议氛围？

管理者需要承担很多责任。不过这也不全是坏事，在承担责任的同时，你也拥有了很多权力。管理者可以充分利用手中的权力，"把微笑着点头倾听作为会议要求确定下来"。

这样做，轻松的不只有管理者，还有之前因为在意周围

人的表情而不发言的员工。他们会争先恐后地提出好的想法，整个会议气氛也会随之变得轻松起来。

无论是为了自己，还是为了努力工作的下属，管理者都要充分利用手中的权力，打造能提升下属自我重要感的、积极向上的公司文化。

顺便说一下，这个项目的投资金额为 0。

100% 受欢迎的说话之道 **26** **管理者带头"微笑""点头""赞赏"，让会议变得更轻松。**

会议要求是"微笑"和"点头"

没有"微笑"和"点头"的会议　　有了"微笑"和"点头"的会议

这样做怎么样?　　……

这样做怎么样?　　好啊。　嗯嗯。

大家都不同意吗?　咦,我说错了吗?

例如……　之后……　原来如此。　嗯嗯。

听话的人没有反应,会令说话的人感到不安,不愿再发言

听话的人有反应,会令说话的人有安全感,更愿意说下去

27

会面试的管理者和不会面试的管理者

 错误百出的面试方式

"很难招到好员工""面试的时候表现不错，真正工作起来却不行""怎样能在面试时发现真正的人才"……

相信很多管理者都有类似的烦恼。

通过面试找到优秀人才非常重要，因此管理者要做很多工作。

管理者不可能花一两个小时面试每个人。尤其是当应聘者众多时，每个人最多只能被分到 10 分钟。

要想在众多应聘者中发现人才并非易事。如果做得不好，今后将不得不和看走眼的人一起工作。**而导致这一问题出现的原因不在其他，正在管理者本身。**

因为许多管理者一开始就把面试方法搞错了。

怎样让对方表现得更好？

有很多人天生腼腆，尤其在与他人初次接触时会很局促。大部分人对陌生人非常警惕，他们会认真且紧张地盯着对方，试图判断对方的意图。这种性格特点尤其会影响面试的发挥。

说到面试，你的脑海里会浮现怎样的画面呢？

想必是这样的：面试官坐成一排，表情严肃地看着面试者，对他们的表现做出评价。

事实上，这种风格本身就是错误的。

任何人被评判时，都会感到紧张。一紧张就会影响临场发挥，所以只有那些习惯了面试场面的人才能在面试中得到

更高的评价。

但是，在面试中游刃有余的人不代表工作能力强，也不代表他的人品高尚。如果管理者只是通过他面试时说的话或者给出的答案来做评判，那么肯定会看走眼。

给面试者安全感，引导他讲出真心话

一个优秀的管理者会有意识地在短时间内缓解对方的紧张情绪。

据说，人们会在 3 秒之内形成对他人的初始印象。因此，管理者应该利用这几秒钟让面试者放松下来。

要怎么做呢？

其实很简单。

笑着迎接他，和他打招呼："欢迎欢迎。感谢你过来面试，请不要紧张。"

这个动作最多只需要 10 秒钟。**之后，你只需要对他的话做出反应就行了。**

面试时占据强势地位的人是面试官，也就是管理者。如果能受到面试官的礼遇，面试者就会怀着"啊，我可以把自己的话都讲出来"的心情接受面试。

当一个人内心放松时，就会说出自己的真实想法。此时说出来的话和表现出来的态度就接近于他工作时的状态了。

如果面试官板着脸，面无表情地问："你为什么选择我们公司？"或者"你怎样用简历中的技能为我们公司服务？"那么即使面试者本来能回答上的问题，在这种情景下也回答不出来了。面试不是审讯，面试官要想办法迅速让面试者放下戒心，引导他说出自己的真实想法。

管理者只有掌握了这种技能，在选拔人才时才不会犯错。

100% 受欢迎
的说话之道
27 **初次见面时首先要给对方安全感。**

面试时的注意事项

面试官面无表情

感到紧张，无法发挥出真实水平

不成功的招聘

面试官面带微笑地欢迎应聘者

心情放松，能发挥出真实水平

成功的招聘

管理者怎样说话才能让下属拥护你？

28

偶尔也可以发发牢骚

勇于谈论自己的弱点

"不能说消极的话""不能说丧气话""暴露弱点会被看不起"……如果你是这样想的，那你要早点抛弃这些想法。当然，如果你总是在抱怨，每次见到下属都向他发牢骚的话，他肯定也会不耐烦，所以这是一个程度的问题。

偶尔抱怨一下是可以的，偶尔暴露自己的弱点也是可以的。如果太难受，就找个合适的时间、合适的人，向他倾诉

你的难处吧。

　　当然，作为管理者，你首先要做好该做的事。如果管理者的工作只能得 30 分，那么下属也会因此焦虑不安。不过这并不意味着管理者总要做到 100 分。你只要做到 70 多分合格，或者 80 多分优秀就足够了，剩下的二三十分可以让周围的人帮你做好。

你有说过"帮帮我"吗？

　　"我不能在下属面前抱怨。让下属帮忙意味着我作为管理者是失职的。"如果你是这样想的，那么可以换一个思路。你可以试着向人求助，哪怕一年只尝试一次，问问他们"**能不能帮我个忙**"。

　　有的人工作认真，但不擅长即兴讲话；有的人擅长在人前讲话，但行政工作做得一塌糊涂；有的人可以出色地完成一些不显眼的工作，但是一旦面对很多人时就会变得非常紧张，大脑一片空白。

　　每个人都有自己擅长的和不擅长的事情，都有强项和弱项。我们都是普通人。

但是，越是自我要求严格且追求完美的管理者，就越想要克服自己的弱点。这种人凡事都想自己一个人去解决。

然而，一个人完美地解决所有事情，就会在不知不觉中剥夺别人表现的机会。**就如别人做不到的事你却可以做到一样，你的弱项也可能是别人的强项**。你要时刻牢记这一点。因此，不要刻意隐藏自己的弱点，和下属开诚布公地聊聊吧。

这样一来，当下属被请求帮忙时，一定有人会因此增强了自我重要感。下属比管理者想的还着急表现自己，他们期待自己的出场。为了这样积极的下属，管理者何不主动暴露一下自己的弱点呢？

100% 受欢迎
的说话之道
28

适当依赖下属是有效的用人之术。

29

必要时可以正颜厉色

 要勇于说出自己想说的话

在前文中，我们将论述重点放在"管理者需要为了提高下属的自我重要感而换位思考"上。但是有的时候你发现"哎呀，我没办法换位思考"。你为此深感抱歉，甚至到最后发现之前过于为下属着想的做法是错误的。

这些都没关系。

偶尔讲话不客气也没关系。

偶尔情绪激动也没关系。

偶尔语言粗鲁一点也没关系。

重要的是你是如何看待对方的。不如说,正是因为你在意对方,才会变得情绪化,才会较真。

如果管理者只去关注下属的情绪,过于在意是否能让下属高兴,那么管理者将无法说出自己真正想说的话。

"不行就是不行"。有的时候说话需要强势一些,尽管这样做会招致一些人的不满。

但是作为管理者,你不必让所有人都感到满意。

 怎样的环境才能培育出生命力更顽强的苹果树?

这样说可能有些刺耳,但事实就是如此。只有在严酷环境中长大的人,将来才能在社会中顽强地打拼并生存下去。

正如生长在寒地中的苹果具有更顽强的生命力一样,当管理者不完美、有不足之处或在被管理者严词批评时,下属才会产生反抗精神,并开始学会独立思考。

153

过于纵容或溺爱一个人，会使他在进入社会之后变得软弱。社会中不全是像父母或领导那样包容我们的人，所以管理者要培养下属，帮助他们在竞争激烈的环境中顽强地走下去。

即便如此，管理者也无须成为完美无缺的人。

 有些话即使他现在听不懂，你也应该和他说

作为管理者，你应该具备一定的沟通能力，也就是能简洁明了地把想说的话表达出来。同时，在说话时也要考虑到对方的理解能力，要让下属听明白。

不过有时你也需要讲一些"以对方现在的理解能力很难听懂的话"。即便这些话他暂时不理解，你也要坚持和他说。

你可以将这一过程想象成把一颗颗石头丢到水中，慢慢地将它们堆积起来。一开始你可能没什么感觉，但是随着石头逐渐堆积起来，你总会等到它露出水面的那一天。

你要抱着这样的信念，不断地把重要的话讲给下属听。

重要的是抱着"总有一天他会明白"的信念，不断和他说

无论在哪个时代，孩子眼中的父母都是唠叨的。只有当孩子进入社会，或者为人父母之时，才能真正地理解父母。也只有当他自己站在那个位置上，才会明白"多亏了他们当初一直对我说那些话"。

对我来说，也有一句话，是母亲从我的童年时期起到她去世前一直在讲的一句话，那就是"你要成为一个讨人喜欢的人"。

这句在我进入社会成为经营者时都没能理解的话，如今却在我感到痛苦、受挫时，带给了我莫大的支持。

现在，我由衷地想要对身处天国的母亲说："谢谢你在我叛逆时不断地对我说这句话。"

作为管理者，你想对身边的下属说什么呢?

100% 受欢迎
的说话之道
29 **讲重要的事情时无须客气。**

155

30

是"爱"还是"恐惧"？

我多次写到，有很多管理者因为不会说话而感到苦恼，甚至可以说绝大多数管理者都有这样的问题。

正如本书开头所写，在我们这个时代，工作中的一点小事都会被冠以"职权骚扰""性骚扰""违规操作"的帽子，所以管理者并不好当。

但是，我们仍然有办法解决这个难题。那就是问问自己

156

"**我到底在为了谁说话**"。

即便你讲得磕磕绊绊,即便你说话的方式有点过激,但如果你所说的话是基于对对方的爱的话,那么无论你讲话技巧是好是坏,你的心意都能传递给对方。

反过来,即便你讲得非常动听,天花乱坠,但如果你是以自我为中心,是以彰显自己或者为了不让人讨厌自己为目的的话,你的话也不会被下属听进去。

因为每个人的心中都有一台能看透对方内心的"传感器"。

你和对方说话的动机是什么?

一个人面对他人的动机大致分为两种。**一种是"爱",另一种是"恐惧"**。

在不同的动机下,你说话的方式也不一样。如果你的动机是"恐惧",比如"我不想被讨厌",那么你的心是向着自己的。这时,即便对方走向了错误的方向,你也想要逃避责任,"既然他已经决定了,那就由他去吧"。毫无疑问,这种行为会让人们感受到你内心的"恐惧"。

反过来，如果以"爱"为动机和人交流，那么你的内心关注的是"我的话对他是否有益"。因此，在讲话时你是不会介意对方是怎样看待自己的，也不会介意对方是否讨厌自己。你会有勇气表达自己的想法。

 人际关系、工作等万事万物都受到"爱"或"恐惧"的影响

这两种动机不仅会影响人们的说话方式，还会影响人际关系和工作等各个方面。这两种动机把我们的行动分为两种类型。

比如，因"不想受穷"而去工作的行为是基于"恐惧"；反之，"想让人生变得更丰富，让社会变得更美好"而去工作的行为则是基于"爱"。此外，"因为不想自己孤独一人，所以努力不让人讨厌我"是基于"恐惧"；而"希望我遇到的人开心快乐"则是基于"爱"。

在日常生活中，你的行为是基于"爱"还是"恐惧"呢？

100% 受欢迎的说话之道
30

以"爱"为基础的苦口良言比以"恐惧"为基础的甜言蜜语更可贵。

31

讲话时关注对方，为对方着想

 天才管理者教给我的讲话技巧

　　我之前提到过，我有一位教会了我怎样生活、怎样做事、怎样思考、怎样说话、怎样做生意，总之教会了我一切的导师。相信你们很多人都知道他的名字——斋藤一人。

　　斋藤先生是一位实业家，除了经营企业，他还著书立说，用文字照亮人心，用声音为很多人带来勇气。

　　我曾多次有幸目睹斋藤先生为读者录音的场景。一般来说，管理者都会一边看稿一边讲话，现在也有不少管理者在讲话时使用 PPT。

但是斋藤先生讲话时既不用稿子，也不用电脑。他就坐在椅子上，手里什么也没有，对着面前的人侃侃而谈。他只通过语言来交流，来打动听众。此外，他还拥有超乎常人的能力，他可以将所说的话不加润色地直接转成文字，而后付梓成书。

他为什么拥有如此高超的讲话能力？我非常想掌握这项技能，便向他请教了讲话技巧，结果收获了意想不到的答案。

讲话时只专注于对方

"怎样做才能像您一样清晰流畅地表达自己的想法呢？"

"很简单，讲话时只想着怎样能让面前的人变得更好就行了。当你能做到这一点，就能放下自我，把你想说的话传达给对方了。"

最初听他这样说时，我完全不能理解。

斋藤先生解释道："也就是说当你关注的是'怎样做才

能让他明白我的想法''怎样做才能让他更容易理解我的话'时，就能自然而然地把你想说的话说出来。不过通常来说，我们关注的总是自己，总是在意'我讲得好不好''他怎样看我'。如果这样想，就没办法把你的所思所想好好地传达给对方了。"

好像他说的就是我。斋藤先生接着说道："**人的大脑只能想一件事，当你想着对方的时候，就没办法再想自己了。反过来也一样。因此，我们要让自己的大脑一直想着对方。当我们要去帮助一个身处悬崖边的人时，我们不会去想对方是怎么看我的。只有在这种状态下，我们才能真正地把我们的想法很好地传达给对方。**"

"这听起来很难啊。"

"不，只要你愿意，就一定能做到。"

 ## 希望我的话能让对方变得更好

讲话时要想着对方，希望他变得更好。

一开始我根本做不到。当我留意自己说话的状态时，我发现自己总是会不知不觉地去想"别人是怎样看我的"。

但是，当我思考斋藤先生的话并不断练习之后，我发现有越来越多的下属开始认真听我讲话了。

现在，我的主要工作是演讲和写书，用语言来传递各种事物。在登台演讲之前和与工作人员交流时，我首先会在内心祈祷，希望"我的这次演讲能让观众们变得更好"。

有时我做得并不完美，当我专注于对方时，就会记不太清我都说过些什么了。但是，我发现这种时候我的话反而更能打动听众，也能得到更多温暖的反馈。

要抱着让对方变得更好的想法去讲话。虽然这个方法很简单，但我相信这才是究极法宝。

100% 受欢迎
的说话之道
31

管理者最高超的说话之道是讲话时要为对方着想。

163

32

为什么要成为管理者？

管理者是能充当基石的人

怎样做才能让下属好好听你讲话呢？

到目前为止，我们一直在探讨讲话方式，但是从本质上说，讲话时重要的不是技巧，而是心态。也就是说，"你讲话的时候在想什么"。说得再深一点，最终就落到"你是怎样看待下位者的"这一问题上来。

在日本，人们用"下位者""下属"这样的词语来称呼地

位较低的人。为了表达方便,本书也使用了这些词语。但是在我看来,管理者并不是高高在上的,甚至应该说他们是身处下方、充当基石的人。

管理者不应高高在上、摆架子,而是要自下而上地把下一代托举起来。只要你意识到了这一点,你的讲话方式自然会发生变化。

 ## 管理者是帮助后来者取得成功的人

当你回顾童年时,什么样的大人会留在你的脑海中?

我认为大概会有两类人。**一类是理解你、支持你的人;另一类是当你快要偏离正轨时,严厉指责你的人。**

为什么他们会留在你的记忆中呢?那是因为在你看来,他们是努力把身处下位、作为下一代的你带到正确道路上的人。

用语言帮助下属取得成功才是管理者的价值所在。

管理者要成为下属的标杆

"现在的年轻人根本没有梦想"。有不少成年人发出了这种担忧的声音。但是我并不认同他们的观点。

年轻人并非缺乏拥有梦想的能力,而是没有人能够成就年轻人的梦想。这才是最大的问题。

职权骚扰、精神暴力、违反规则……管理者常常被卷入各种职场旋涡当中。清正的职场作风当然很重要,但也不能因此故步自封,不敢行动。有的时候,管理者要敢于和下属讲一些真心话。

我们需要的是这样的管理者:不一味道歉、不总讲丧气话、说话振奋人心、能让下属看到你乐观的处事态度、让下一代人心生向往,从而立志"想成为像他那样达观的人"。

被这样的管理者重视,下属才会憧憬未来。

管理者存在的终极意义是什么?换句话说,我们为什么需要管理者?

答案就是"**用手中的权力带给下属信心,让下属觉得自己很重要**"。

100% 受欢迎
的说话之道
32

在讲话方式上下功夫，成为能带领下一代取得成功的、令人心生向往的管理者。

结语

回顾这 3 年，我深刻体会到了"人是最重要的"。

我在 2019 年秋季出版了《高效沟通：成功人士的 36 种说话技巧》，在 2021 年 12 月出版了《高效倾听：成功人士的 38 种倾听技巧》。在大家的帮助下，这一系列的第 3 部作品《高效管理：成功人士的 32 种沟通技巧》也得以顺利完成。

我与这一系列作品共同走过了 3 年时间，3 年里我收获颇丰。

对我来说，非常重要的一件事是我很幸运地见到了很多读者。当然，这不仅包括线下的见面，还包括我所收到的很多的读者留言和读者卡片。

在与读者的交流过程中，我突然意识到一件事，那就是"很多管理者会因为不知道怎样讲话而苦恼"。而我所收到的大部分留言信息也都来自这些担任管理者职务的人。

在撰写《高效沟通：成功人士的36种说话技巧》的时候，为了能让更多人读懂这本书，我的团队决定在写作时不加入与商业相关的内容，所以这本书只讲个人如何讲话，以及在日常生活中怎样讲话。

但是后来我发现，真正令一个人感到烦恼的并不是与朋友之间的横向关系，而是上司与部下、上位者与下位者之间的纵向关系。基于此，我又撰写了本书。

正如我在"前言"中所写，我认为现在的日本社会对管理者并不友好。上司要顾忌下属，老师要顾忌学生，家长要顾忌孩子。

从某种意义上说这可能是件好事，但是从另一种角度来看，管理者是先导者，是走在前端的人，是指导他人的人。这样的先导者一味地看才疏学浅的后来人的脸色行事，无法传达出需要传达的信息，那么最终受到伤害的不仅是管理者，还有他的下属。

当今时代，我们需要的是坚持自己的原则和信念、能够领导下一代的管理者。

如果这本书能帮助更多的管理者重拾信心，使他们成为引导下一代的明灯，那么作为作者我将感到无比喜悦。

非常庆幸，我的周围有很多这样的管理者，也是在他们的帮助下，我才走到了今天。

与你们相遇、和你们并肩奋斗的时光是我最大的财富。

让我们用书籍的力量使世界充满活力。

让我们继续打造有趣的世界。

最后致读到这本书的你：

衷心地祝愿你能成为一位快乐幸福的管理者。

也祝愿你和你的团队成员天天开心。

谢谢！

2022 年 12 月

于搬到麻布后迎来第一个冬天的出版工作室

为即将到来的 2023 年祈福

永松茂久

沟通系列

三秒勾出心里话

关键表达：引爆销量的
创意策划案

精准传达：完美沟通的
6 种技能

学会说话：人际沟通力
提升法则

危机沟通：危机下的管
理、应对与复原力构建

演讲的艺术：8 个秘诀
消除恐惧

谈判

双赢谈判

心理自助

松弛感：用丰盈法摆脱
自我内耗

停止讨好别人

为什么我们会生气

可是我还是会在意：摆脱
自我意识过剩的 8 种方法

爱的勇气：阿德勒的幸福
哲学

情绪说明书：解锁内在情
绪力量

再见，自卑：克服自我怀
疑的十个即时策略

拥抱与众不同的你：高敏
感者的超能力

畅销经典

活在当下的勇气

解压笔记本

了不起的学习者

不累：超简单的精力
管理课

高敏感人士的幸福清单

别太着急啦